Das coisas que ouvi e senti de Jesus

Recordações de um irmão da Galileia

Solicite nosso catálogo completo, com mais de 400 títulos, onde você encontra as melhores opções do bom livro espírita: literatura infantojuvenil, contos, obras biográficas e de autoajuda, mensagens espirituais, romances, estudos doutrinários, obras básicas de Allan Kardec, e mais os esclarecedores cursos e estudos para aplicação no centro espírita – iniciação, mediunidade, reuniões mediúnicas, oratória, desobsessão, fluidos e passes.

E caso não encontre os nossos livros na livraria de sua preferência, solicite o endereço de nosso distribuidor mais próximo de você.

Edição e distribuição

EDITORA EME
Av. Brigadeiro Faria Lima, 1080 - Vila Fátima
CEP 13360-000 – Capivari-SP
Telefones: (19) 3491-7000 | 3491-5449
Vivo (19) 9 9983-2575 ⊙ | Claro (19) 9 9317-2800
vendas@editoraeme.com.br – www.editoraeme.com.br

Ana Paula Vecchi
Pelo espírito Natanael

Das coisas que ouvi e senti de Jesus

Recordações de um irmão da Galileia

Capivari-SP
– 2021–

© 2021 Ana Paula Vecchi

Os direitos autorais desta obra foram cedidos pela autora para a Editora EME, o que propicia a venda dos livros com preços mais acessíveis e a manutenção de campanhas com preços especiais a Clubes do Livro de todo o Brasil.

A Editora EME mantém o Centro Espírita "Mensagem de Esperança" e patrocina, junto com outras empresas, instituições de atendimento social de Capivari-SP.

1ª reimpressão – agosto/2021 – de 3.001 a 5.000 exemplares

CAPA, PROJETO GRÁFICO E DIAGRAMAÇÃO | Joyce Ferreira
REVISÃO | Letícia Rodrigues de Camargo

Ficha catalográfica

Natanael, (Espírito)
    Das coisas que ouvi e senti de Jesus – Recordações de um irmão da Galileia / pelo espírito Natanael; [psicografado por] Ana Paula Vecchi – 1ª reimp. ago. 2021.
    200 pág.

    1ª ed. abr. 2021
    ISBN 978-65-5543-048-6

    1. Cristianismo nascente. 2. Relatos de Natanael.
    3. Seguidores de Jesus. 4. A boa nova.
    I. TÍTULO.

CDD 133.9

SUMÁRIO

Prefácio
Das coisas que ouvi de Jesus 9

Capítulo 1
Cléofas, o discípulo de Emaús 15

Capítulo 2
O prazer de viver 25

Capítulo 3
O discípulo renegado da família..37

Capítulo 4
As horas cheias de graça 47

Capítulo 5
Aquela que vira o Senhor nascer 59

Capítulo 6

Um místico fariseu 69

Parte do meio

Das coisas que senti com Jesus 87

Capítulo 7

Em algum lugar da Tessalônia 95

Capítulo 8

As promessas do Senhor 115

Capítulo 9

A Cesar! 133

Capítulo 10

O vale das sombras 155

Capítulo 11

O maior sacrifício 167

Capítulo 12

Qual a medida do seu passo? 181

Posfácio

....197

PREFÁCIO

DAS COISAS QUE OUVI DE JESUS

ÀS TARDES SINGELAS em Cafarnaum, uma roda de todas as gentes[1] aproximava-se alegre e esperançosa. O céu, com nuances em arcos avermelhados, que partiam do mar ao infinito, parecia convidar as pessoas para o banquete que contrariava os sofismas humanos.

Um perfume de sândalo decaía sobre a atmosfera, que se tornava úmida e luminosa, contrapondo à despedida dos últimos raios solares.

As crianças pareciam sorrir e cantar sob o fundo musical de anjos, e os homens, com suas sandálias, arrastando-se ao solo, produziam as ondas a balançar a proa no mar. As mulheres, com seus véus pousados no solo arenoso, formavam tapetes coloridos de esperança de que ele nunca se afastasse de nós.

---

1. Gentios.

E eu, já mais velho, pude descortinar todo um porvir de uma claridade pouco compreendida até então, mas o meu coração antevia que eram as "verdades do céu", o maná de Deus deitado no deserto diante de mim; seus cabelos até os ombros moldavam o semblante sereno e firme; naquele homem não havia dúvidas, apenas a verdade. Fazia-se ouvir à distância, perto ou longe, sua presença inefável era sentida no coração de nossas almas. Lembro-me de suas palavras como se fosse hoje, de suas mãos ternas, cujo contato era um vigoroso disparo de alegria e contentamento a curar as chagas do corpo e da alma. Mas os seus olhos... indescritíveis! Olhos que fazia-nos antever o futuro, mas também o passado – origem de tudo; ver-nos por dentro, sem censura, sem disfarces. Poucos conseguiram enfrentar a si mesmos no olhar de Jesus! Poucos cantaram a vitória de permanecer com ele quando teve de partir.

A sua presença tornava tudo mais fácil, falar de Jesus, deixar propriedades e títulos por Jesus parecia possível, mas nas encarnações subsequentes muitos de nós fomos nos esquecendo do que ele falou, por meio de seus gestos e atos, e tivemos de expurgar, sozinhos, as chagas provocadas por nós mesmos ao escolher viver no exílio do amor a si, exaltado de orgulho e vaidade, na ilusão de nos apoderarmos do que é passageiro.

Por isso trago, cá comigo, algumas poucas recordações que divido com você, meu irmão, para que juntos, ao recordar o divino Rabi da Galileia, nossas almas possam voar, ainda que brevemente, nos tempos idos de Genesaré.

Natanael

CAPÍTULO 1

CLÉOFAS, O DISCÍPULO DE EMAÚS

A TARDE SE aproxima do desfecho final. Os céus são tombados pelas espessas nuvens carregadas com a nossa dor: o Mestre galileu expira na cruz.

Atrita-se o coração dos discípulos, na mais profunda desolação e contrista-se na dúvida mesclada com a indignação: "Por que ele não se salvou? Será que os meus olhos se encheram de uma esperança vazia, de uma crença que deixa um rastro de revolta? Não pode ser! Tudo o que assistimos do Mestre não pode ser ilusão!".

Pobre Cléofas, amargurava-se entre decepção e saudade, mas ele não estava só! Para os que andavam com Jesus, o desfecho culminado na crucificação era a derrota cruel que os seus corações não poderiam suportar. Cléofas não era o único a derramar pensamentos de ingratidão ao tempo precioso em que beberam da fonte pura.

O dia se faz noite e os trovões anunciam que o tão esperado sonho de Israel, de se ver livre da opressão de Roma, se vai.

O céu chora.

Cléofas toma coragem e aproxima-se de João e Maria. Bartimeu também se aproxima do pequeno grupo de mulheres que choram o corpo do Messias amado.

– Como pode, Bartimeu, tudo terminar assim? Como pode? Ele que lhe tornou a vista, não pôde furtar-se de acontecimentos tão sórdidos?! Será que neste tempo estivemos enlouquecidos e deixamo-nos enganar por uma falsa promessa? Que será de nós na volta para o lar?

Bartimeu, que exercitara a visão espiritual na cegueira do corpo desde a infância, meditou em silêncio, por um pouco, e falou em voz calma, embarcada de tristeza:

– Não fomos enganados. Eu sou a prova viva de que Jesus trazia em suas mãos o dom da vida e não da morte. Também eu custo a acreditar neste infame madeiro! Mas é preciso esperar! Essa é uma lição que aprendi durante os anos de escuridão: esperar. E se só vemos o mal como fim irremediável, o que será dos nossos dias? A segunda lição é: não desesperar, o socorro virá! Existe uma governança divina que surpreende como a luz e as cores surpreenderam-me de pronto. Ainda me encanto ao ver as cores, as diferentes tonalidades delas na expressão de beleza que é Deus, na Sua linguagem poética. Deus há de nos dar uma explicação. Ou talvez já tenha nos dado, mas nós, cegos, como um dia eu fui, não conseguimos compreendê-la.

– Tomara, Bartimeu! Tomara!

O grupo dos discípulos de Jesus foram pouco a pouco se dissipando, alguns resolveram continuar em Jerusalém, por perplexidade, por não saberem o que fazer; talvez porque algo mais os aguardava...

Cléofas emudeceu-se. Dormiu recostado em uma árvore nas proximidades do holocausto, do sacrifício do Cordeiro de Deus.

Passadas duas noites do evento trágico, corre-se a notícia que Madalena encontrara o túmulo de Jesus vazio. Uma esperança rudimentar movimenta o ânimo do discípulo, mas logo o seu raciocínio pragmático toma-lhe as forças: por que Jesus apareceria para ela? Decidiu-se por deixar Jerusalém e voltar para casa, para sua família, seus afazeres. Partiu no final da manhã do primeiro dia da semana e, juntamente com Eliseu tomou a estrada de Emaús.

O sol escaldante não dissipara a dor que remoía o peito daquele discípulo que se sentia traído e abandonado por Jesus. Não era um mau discípulo, mas amava Jesus qual uma criança de colo que exige a presença da mãe em todos os momentos; que exige cuidado, alimento, vestes; mas que se vê dispensado de auxiliar nas tarefas domésticas. Uma criança que quando longe desta mesma mãe, sente-se perdida e abandonada, incapaz de gerenciar seus anseios e expectativas, esquecendo-se que a mãe sempre volta e, quando não volta, seus ensinamentos permanecem a reger a conduta moral de seus filhos crescidos.

Jesus sabia disso! Jesus amava Cléofas e entendia sua dificuldade em auscultar a própria consciência, seu apego às leis que ditam e determinam. E talvez porque a dificuldade da transcendência seja uma constante em todos nós a refletir uma espiritualidade ainda em construção, muito aquém de uma autonomia resultante da permuta íntima com Deus, só conquistada através das lutas consigo mesmo, traçadas pela dor na maioria das vezes; talvez por isso, Jesus veio até o coração daquele discípulo no caminho para Emaús, como que a dizer a cada um de nós: "o meu Reino não é deste mundo. Só o espírito triunfará, nada é mais importante que a ligação que tem com Deus! Só o perfume permanece através dos tempos. Rosas e espinhos passam! As dores passam, mas Deus não passa! Ele permanece dentro de cada um de nós. Por isso nunca estaremos sós ou abandonados, o Seu amor nos acompanha sempre!"

Seguiam os discípulos amargurados e atormentados, seus passos eram lentos e pesados, os seus sentidos pareciam nublados para qualquer percepção a não ser para o turbilhão de perguntas sem respostas que passavam dentro deles mesmos. É como se Jesus os tivesse traído. É como se uma revolta surda iniciasse um movimento de forças ascendentes a perturbar-lhes o raciocínio:

– Que será de nós? Que será de nós que fomos abandonados por nosso *Rabonne*? Tolo! Tolo! Fui um tolo em confiar-lhe meus filhos!

Silêncio.

O silêncio predominava. Cléofas não se colocava na situação de frágil, de forma simplista, pois que alguma esperança inundava seus olhos com a luz das palavras de Bartimeu: "espera! Deus há de nos orientar".

Os dois discípulos estavam tão envolvidos na impotência que lhes tomava conta, que não se interessaram pelo companheiro que se aproximava.

Balançar de cabeças e gestos estereotipados.

Tão ensimesmados estavam, que o novo companheiro de viagens passara a incomodá-los, sem notarem que ele era a luz que dissipa as trevas da nossa ignorância, da nossa solidão passageira, da falsa interpretação que trazemos do mundo e dos fatos pela ótica empobrecida que trazemos, pelo mau uso da aliança que fizemos com Deus.

Quantas vezes, ensimesmados que estamos em nossos problemas – que aos nossos olhos parecem grandes demais – deixamos de nos encantar com os familiares mais próximos a nós, repletos do espírito de Deus, prontos a tornar nossa vida mais leve com o amor e a alegria que nos distribuem gratuitamente? E não percebemos, e não valorizamos... deixamos que as nossas tormentas tombem os nossos olhos com as espessas nuvens do desânimo, do desalento e da desesperança.

Talvez porque Jesus soubesse que esse padrão comportamental se repetisse através dos séculos, aproximou-se dos discípulos a caminho de Emaús a nos imortalizar mais um chamado, mais uma lição:

– Por que estão tão acabrunhados se o Nosso Pai é o Senhor dos exércitos a iluminar o nosso caminho?

Os discípulos entreolharam-se:

– Forasteiro, de onde é?

– Só você não sabe dos acontecimentos?

Assim também nós, quando o Verbo de Deus nos alcança através de uma proposta terapêutica renovadora, sentimo-nos incompreendidos, como a questionar se não foram parcos em calcular a nossa dor? Mas Jesus insiste e continua a insistir para que treinemos o olhar para o que é importante; para que as tribulações da vida não nos distraiam dos verdadeiros objetivos da nossa encarnação e continua a nos dizer: "ei, muda o olhar! O que lhe parece martírio e sombra é oportunidade de preparo para o que é verdadeiro...".

– Oras, desde a aliança com Abraão no sacrifício de Isaac – o cordeiro imolado a salvar o filho da carne; no profeta Jeremias – o Espírito da Verdade a pairar nos oráculos do poder; no profeta Isaías – o cordeiro, o Messias, mesmo não compreendido, imolado e satirizado, até "suas vestes seriam rasgadas". Oh, meus filhos! Até quando permanecerão cegos? Até quando necessitarão de consolo? Quando compreenderão que a cruz é o testamento de liberdade que lhes deixo neste mundo? A prova da promessa de Abraão que são filhos de Deus e por isso, espíritos que devem sobreviver às necessidades da carne! Ninguém morre!

E os discípulos surdos, parcos que estavam, ainda não reconheceram o Messias ressuscitado, porque os ouvidos só escutam o que a mente quer ouvir.

Quando o sol já se punha, sentaram-se para cear e prostraram-se ao chão por reconhecerem as marcas do martírio nas mãos de Jesus, que partira o pão como só ele o fazia:

– Mestre?!

– Por que só agora reconhecem a minha presença, se nunca afastei-me de vocês?

CAPÍTULO 2

O PRAZER DE VIVER

DAS PROXIMIDADES DO rio Jordão, nas cercanias de Betânia, vamos encontrar Jesus em conversa íntima com seu amigo Lázaro.

Os pés submersos na água cristalina a vasculhar pedras entre os dedos. Sentados à beira do riacho, Lázaro sentia um frescor a brotar em sua alma, tocando-lhe as feridas incautas de seu espírito saudoso de outras paragens. Jesus ouvia as notas melancólicas da alma do amigo, que vibravam num cântico doído por ter sido apartado dos seus; de sua verdadeira família espiritual, qual ave solitária que grita à espera de uma nota igual a sua...

Desde que ouvira falar de Jesus, Lázaro foi tomado de uma alegria nova, de um contentamento que o fazia esquecer os seus pesares, mas tão logo Jesus se ausentava, e ele retornava às suas atividades habituais na lida com a terra e a tosquia da lã, a angústia voltava, e o colorido do mundo desaparecia. Quem sabe Jesus não pudesse curá-lo? Jesus havia curado cegos de nascença, paralíticos, haveria de tirar dele essa saudade que não sabia de que e nem de quem! Simplesmente sentia uma falta de desejo. Observava suas irmãs tão alegres e laboriosas, mas ele, de quando em vez, era tomado por um mal súbito, com perda de forças, que era difícil o levantar do leito simples, até mesmo o viver.

Estavam em silêncio há algumas horas até que Lázaro o rompeu bruscamente, qual pedra que rola a montanha por força das circunstâncias, a palavra de Lázaro atravessou as muralhas da sua introspecção:

– Mestre?! Que mal é esse que assola o coração de homens honrados e felizes e que parece corroer o coração em peçonhadas?

Jesus olhou aquele amigo como a revelar através dos olhos celestes a trajetória do espírito imortal que se apega às delícias do ontem – que já passou – e aspira à liberdade da ave que já aprendeu a lição e se libertou das correntes do erro e pode voar sem lições dolorosas. Lázaro era um espírito velho, com vastas experiências no comando dos impérios, das ciências, mas que recebera do Cristo o chamado, como tantos outros, para auxiliar o progresso da Terra primitiva, enquanto também eles, pouco a pouco, à medida que crescessem em virtudes, poderiam voltar gloriosos.

A alma de Lázaro queria partir. A presença do Mestre galileu acendera nele a nítida sensação de que poderia

Das coisas que ouvi e senti de Jesus | 27

ser feliz, mas não ali! Avivara nele a vontade de cumprir logo sua tarefa e voltar para um lugar que ele ansiava por recordar...

– Lázaro, todos os lugares são abençoados por nosso Pai e não haverá lugar melhor que aquele onde estão os nossos pés. Nossa cabeça deverá estar onde os nossos pés caminham. Sonhar traz frescor à alma e nosso Pai haverá sempre de abençoar o filho que aspira à comunhão definitiva com Ele através dos laços da plenitude galgada no serviço do bem. Mas que dizer da alma aflita que foge do presente, buscando um passado culposo, ansiando por um amanhã que não preparou? É abandonar a grande nau que transporta a tripulação para o outro lado da margem, estacionando no mar de angústias, a esperar que outrem venha resgatá--lo e, depois de sofrer os cuidados do naufrágio, esperar a oportunidade da nova embarcação. Compreendeu, amigo?

Lázaro em segundos foi levado a várias encarnações e de súbito recordou o sentimento da alegria pela oportunidade daquela encarnação; seus olhos brilhavam e, por instantes, o peso do seu peito pareceu diminuir.

– Lázaro, nenhuma estrela solar iluminará a caverna de nossas almas se a obstruímos com a pedra do nosso desânimo e teimosia. O discípulo deverá sempre se alegrar com as novas oportunidades de crescimento que Deus nos oferece, tecendo novos fios de amizade à medida que perdoamos aqueles que nos fizeram mal. Se trazemos a roupagem da simplicidade, da boa vontade, aos poucos a revolta será removida de nós. Sentir saudade é natural àquele que ama, mas fechar-se para as oportunidades de amar indistintamente é estacionar no sofrimento que adoece, sem servir de lição. Aqueles que lhe amam, lhe esperam com devoção, mas, sem estagnar no tempo, trabalham noite e dia e velam para que esteja bem preparado e pronto para cantarem juntos a alegria de um novo tempo.

As lágrimas escorriam dos olhos de Lázaro, era como se Jesus traduzisse em palavras a angústia que assolava sua alma há tempos. Quem era aquele homem que o fazia se apossar de anos em segundos? Ele era o filho de Deus!

– Sei que se esforça, mas é preciso um esforço ainda maior! Abandonou o caminho tantas vezes, não é meu amigo? Quando junto dos selvagens, homens primitivos desta terra, quantas vezes não deliberou para o suicídio por não suportar tanta aridez nos costumes? Não se sinta castigado e nem se sinta expulso de sua terra, pensa na alegria de poder colaborar com o nosso Pai no plantio de novas ideias, de novos costumes. Olha para você, veja o quanto já caminhou!

Jesus segurou a mão de Lázaro e colocou-a em seu peito e continuou:

– Mas, amigo, só você tem a chave que poderá devolver a luz ao seu templo íntimo; nem eu poderei colocar luz onde você trancou a porta. Vem para a vida, Lázaro!

Lázaro segurou firme as mãos do Messias e chorou copiosamente. Não conseguira mais falar, tão pouco caminhar.

Jesus o abraçou, beijou-lhe a testa, compreendendo que

DAS COISAS QUE OUVI E SENTI DE JESUS | 29

o tempo de Lázaro seria construído em reflexões profundas, mas que seria lento, e por isso, estava a prepará-lo para a lição que seria imortalizada nos Evangelhos.

– Amigo, pensa que sofre apenas porque recorda o que lhe falta? Experenciar o erro e se comprazer no mal, dissipando a felicidade de outrem, isto é sofrer! Não sofremos pela dor que educa e eleva, Lázaro! Mas pelos espinhos que semeamos na estrada por pura sede de deleite. Ah, meu amigo, é feliz! Porque Deus lhe chama a viver uma nova história: ser carta viva dos feitos do Filho do Homem! – e Jesus olhou para o alto aconchegando a cabeça de Lázaro em seu peito radioso, portas abertas da redenção do espírito.

O momento pedia uma pausa àquelas reflexões. Mal sabia Lázaro que daquele momento em diante sofreria abalos cada vez maiores em sua estrutura psíquica a refletir no rearranjo das moléculas do corpo, era necessário a revisão de vários pontos de sua trajetória espiritual e o irmão de Marta e Maria tornar-se-ia cada vez mais ensimesmado ao término de cada lida de trabalho. Reflexões profundas tomavam-lhe os pensamentos em contradição das sentimentalidades: como curar-se de si mesmo? Onde a chave miraculosa de que o Cristo lhe falara? Olhava para o céu estrelado em busca de uma resposta, mas só a fadiga encontrava como companheira.

As portas de sua alma dolorida abriam-se a vazar para nervos, sangue e músculos a tempestade conflituosa de suas emoções e Lázaro enfermou. A febre ardia-lhe as fibras musculares numa tremura extenuante. Os pontos de ligação de seu perispírito afrouxam-se sobremodo, o dióxido de carbono anestesia-lhe os movimentos e Lázaro pôde, em espírito, tomar do caderno de sua vida imortal.

Foram horas que pareceram anos. Estudou e compreendeu um pouco melhor as sanções divinas. Pôde rever entidades caras e emocionou-se sobremaneira. Foi até ao Cristo, em espírito, e ali permaneceu alerta. Jesus com ele dialogava e revia pouco a pouco várias cenas – daquelas que se perdem no tempo – amparando-o e reerguendo-o nos momentos mais dolorosos.

Aos poucos, Lázaro construía uma rede luminosa de perdão. Conseguira perdoar aos que haviam lhe ofendido e uma gratidão pela misericórdia divina começava a dilatar-lhe no peito. Jesus sorria qual um paciente professor que vibra com a conquista meritória do aluno.

Quando a notícia da "morte" de Lázaro, enviada por Marta chegara até o Mestre, ele respondeu:

– Lázaro dorme – e sorriu para o amigo que estava ao seu lado em espírito.

Felipe de Betsaida interrogou o divino amigo:

– Não vamos até Betânia?

– Ainda não, é preciso um pouco mais...

Jesus sabia que Lázaro necessitava de um pouco mais de tempo, ainda precisava se perdoar.

Dali a dois dias estaremos com Jesus e seus amigos a caminho de Jerusalém para uma pausa em Betânia, na "ressurreição" de Lázaro, como que a advertir-nos para a alegria de se viver cada minuto de uma encarnação.

Viver é mais que passar as horas em afazeres, é oportunidade de elaborar diversos traumas; experenciar a dádiva do perdão, mas sobretudo frutescer as sementes da gratidão – movimento filho do amor a Deus e a toda a sua criação.

A vida é um presente de Deus e deve ser vivida com alegria e entusiasmo, conquistados pelas lutas que travamos conosco mesmo. O caminho parece infindável, mas não é! Parece longo e, de fato, o é! Mas precisamos ter coragem para continuar, um passo, depois o outro, deixando o julgamento para nosso Pai que tudo vê e ampara.

Muitas pessoas estão vivas, mas mortas por dentro.

Quantos estão qual mortos sepultados? Desperdiçam a experiência humana no entorpecimento dos sentidos, deixando vazia a arca dos sentimentos elevados da aliança profunda com Deus, para rastejar no lamaçal da repetição de hábitos e comportamentos de um servo que fora despedido e não partilha mais da honra de ser filho.

Ah, meus irmãos, quantas vezes clamamos por salvação sem nenhum esforço? O trabalho nobre nos pesa as mãos; a tarefa excelsa nos enche a boca de reclamações; a enfermidade coloca fel em nossos pesares; a dificuldade em família é tormenta que pesa em nossos ombros...

Quando emergiremos sobre o véu do nosso egocentrismo?

Quando sentiremos a mão do nosso Senhor a nos convidar para subirmos a rampa do terceiro céu e vislumbrar a glória da Aliança no Trono do Altíssimo[2] – templo verdadeiro do Senhor?

Quantas vezes a dor que nos assola é o anel de filiação divina a estabelecer em nós mudanças que nos oportunizam gozar dos tesouros do céu, que são a paz e o contentamento? E é essa mesma dor que nos protege daquilo que ainda não conseguimos resistir, é no dizer de Paulo o que nos exercita a desgostar do que nos faz mal e assim, nos reabilita a voltar para a presença constante do nosso Criador.

Morrer em vida é permanecer no erro e saborear-se nele.

É obstruir os órgãos espirituais que o Criador nos concedeu com trivialidades passageiras.

Morrer em vida é permitir que o barulho do mundo moderno impeça-nos de ouvir o que Deus quer de nós.

É desgostar do viver por imaginar que tudo teria sido melhor... Mas tudo o quê? A organização da vida e a disposição dos seres encarnados ou a sua vida enquanto encarnado? Por que, talvez, você merecesse mais? Então estamos desconsiderando a onipotência divina e discutindo Suas soberanas leis!

É preciso coragem para desenfaixar as ataduras do "eu", faixa a faixa, tornar-se menos egoico, desfazer-se da sua arrogância limitadora e sair para a vida plena, na reconexão com o Pai amoroso e com sua magnânima vontade.

É preciso perdoar-se. Só quem ainda se encontra sob o véu

---

2. Vide *Apocalipse*, capítulo 4. Nota do autor espiritual

do ego adoecido é que se imagina impossibilitado de perdoar--se, porque considera-se grande demais para errar. Comparar--se aos seres angélicos ou ao próprio Deus é uma tragédia pior que a de Narciso ou de Alfeu. Só não erra quem perfeito é! E como nos repreendeu Jesus: Bom, somente Deus![3] Então, na descoberta do ser frágil que somos, perdoar-se dos pequenos e grandes erros é retirar alguns nós da atadura.

Mas é preciso algo mais, é preciso sair para fora de si e colocar-se no lugar do outro, trabalhar a empatia. Movimentar-se por preparar, através das rusgas nos relacionamentos, o que ontem se foi entre lágrimas. Retirar a pedra do desânimo, do queixume e acordar para as diversas oportunidades de ser útil; de se aprimorar; de ser feliz todos os dias, em cada nova encarnação.

Somos seres entrelaçados com destinos diversos, mas o fio que nos une é o do amor e cada um de nós tem um peso, um tamanho específico no universo, alguns mais polidos, outros com maiores facetas a polir, mas todos nós refletimos uma única luz: a paternidade divina a nos fazer melhores a cada dia na conquista plena de nossas potencialidades, que nada mais é que a face de Deus pousada em nós. Brilhe a sua luz, disse-nos Jesus, nosso Redentor.

– Retirem a pedra dos seus orgulhos! – disse Jesus à assembleia. – Lázaro venha para fora!

E Jesus ainda convida-nos a sair de nós mesmos e re-

---

3. Jesus lhe disse: Por que me chamas bom? Ninguém há bom, senão um, que é Deus. Lucas 18:19

ceber a nossa herança divina; a acordar para a vida verdadeira deixando para trás os novelos de hábitos que não coadunam mais conosco; a deixar o peso da nossa revolta e soberba e caminhar livre dos preconceitos, livre dos apegos.

– Retirem as faixas! – exorta-nos a nos desenfaixar por inteiro, todos os pontos, todos os nós. Reconciliar com os desafetos, mas, sobretudo, acolher os nossos próprios erros como promessa de mudança e seguir em frente construindo uma vida diferente.

E foi o que Lázaro fez, de joelhos na frente de Jesus prometeu abençoar a vida, entregando-se a viver os ensinamentos do Mestre.

– Doravante, Senhor, falarei do senhor no silêncio da minha alegria em trabalhar a favor dos que sofrem. Serei um ouvido amigo e cantarei a Boa Nova na nova vida que levarei, agradecendo a tudo e a todos! Obrigado, Senhor!

Lázaro agora cantava com os olhos, com a boca, com os dedos a apalpar a terra na lida dos grãos, mas cantava com o coração uma melodia inaudível para aqueles que ainda não amam, a música do perdão a si, aos outros, com a nota sublime de agradecimento a Deus.

Acompanhou o Mestre nos dias derradeiros, aproximou-se do grupo no momento da crucificação juntamente com suas irmãs, mas de longe. Logo após, mudou-se com elas para o norte, onde junto à lida no campo ensinava mulheres e crianças sobre o Messias Salvador que tem o poder de curar e "ressuscitar" os mortos da carne.

CAPÍTULO 3

O DISCÍPULO RENEGADO DA FAMÍLIA

DAS TERRAS SUBLIMES da Galileia, Betsaida fala-me singularmente ao coração. Cidade de meus pais e de meus irmãos, Betsaida tem a terra vermelha, plantações escassas, caminho obrigatório para beduínos, devido ao comércio de tendas e camelos. Lugar de passagem de gentes diversas, mas local de estabelecimento de judeus fiéis que não se deixaram corromper pelos costumes de outros povos. Minha família era assim, desde pequeno minha mãe lia para nós a Torá e, enquanto tecia tapetes coloridos, cantava os salmos de Davi. O *Shemá Israel* todas as noites me enchia de uma alegre confiança de ser escolhido por Deus a partir de uma aliança estabelecida pelo patriarca. Eu pertencia àquela história e o povo de Israel pertencia ao meu sangue, uma crença inquebrantável!

Aos doze anos fui ao grande templo e ali fiquei maravilhado com o poder de Deus e, mais que nunca, cumpri fielmente os Seus preceitos, normas e leis, porque sentia um desejo ardente de ser chamado "justo" e me aproximar de Deus. Queria ser um servo fiel, um filho amado e que Ele sentisse também orgulho de mim, sentimentos de uma criança que quer retribuir as bênçãos recebidas. Mas algo me tocava especialmente, o anúncio da vinda do Messias, o Salvador. Em minha mente infantil imaginava-o qual Elias em um carro de fogo, descendo do céu e estabelecendo um império de pessoas boas e honradas, de justos, e que o Messias exterminaria os ímpios e o mal para todo o sempre.

Em minha imaginação pueril somente os bons judeus permaneceriam sobre a Terra – a separação daquele que cumpre fielmente os preceitos estabelecidos pela Torá. Estes só poderiam esperar júbilo e regozijo nas promessas do Altíssimo.

Adonai! Yoshebeb! Adonai, Senhor das estrelas! O senhor é meu pastor, e ei de caminhar pelos Seus perfumosos caminhos! Adonai, lança para as trevas dos abismos os falsos, os ímpios, os que vociferam como bestas na idolatria de falsos profetas, falsas verdades!

O estabelecimento da Terra de Canaã era uma promessa real ao meu coração e o meu espírito entusiasmado aguardava o Messias anunciado pelos profetas, sobretudo Ezequiel, para glória do povo de Israel, povo eleito do Senhor. De família levita, tinha a honra de participar da escala anual dos deveres do Templo, que tanto satisfazia o meu desejo de mais perto estar de *Elohim*.

Ainda não havia me casado, quando um fato peculiar me ocorreu, caminhando pelas estradas pedregosas da Galileia, deparei-me com uma ovelha aflita nos caminhos de Cafarnaum. Havia se perdido do bando, trazia o casco ferido e bradava pelo pastor. Aproximei-me dela mostrando-me dócil e pacífico, mas o pobre animal aguardava apegada ao velho e conhecido condutor. A princípio resistiu ao auxílio novo, a minha acolhida que poderia levá-la à casa paterna. Sim, eu a reconhecera, pertencia aos amigos de Betsaida, mas a pequena ovelha precisou de tempo para aceitar a condução segura.

Quanto tempo permanecemos ali até que aceitasse descansar debaixo de uma árvore? Descansamos ambos à sombra fresca da figueira, como uma significativa pausa entre o velho e o novo; entre o antes e o depois da grande transformação. Ao se deparar com o antigo dono, a ovelha seria docilmente conduzida? Ou debandaria para as novas diretrizes?

Estávamos em reflexões silenciosas quando o meu olhar cruzou com o olhar distante de um belo galileu. Olhos magnéticos de profunda mansidão trouxeram-me a postar de pé, como que em aceite a um convite especial:

– Natanael, é ovelha perdida de Israel que meu Pai ordenou-me convocar!

Ergui-me de pronto.

Qual miragem aqueles olhos se dissolveram no pequeno agrupamento que caminhava ao longe, rumo a Cafarnaum.

Sonhava? Ouvira mesmo aquela voz? E aquele rosto singular seria uma confabulação de minha mente já sofrida com o árido calor do deserto?

Quem de nós não recebeu o chamado no íntimo de nossas consciências a mudar a rota de toda uma existência? Quem nunca foi chamado a destruir padrões de comportamentos arraigados, construídos sob falsas acepções?

Caros amigos, a verdade nem sempre é o que contempla os olhos da visão! Quando em vez, retira-se a um lugar à parte, em que possa ser somente filho de *Yaveh*, sem regras impostas, sem "verdades" dogmáticas, mas encoraja-se para ouvir as perguntas que o Messias tem para você – chamado a retornar para o leito justo e verdadeiro que lhe levará à plenitude do amor do Pai.

Quantos dias se passaram sem que eu entendesse o significado daquele momento? Vivenciei os dias de minha vida dedicados a uma rotina de cumprimento das Leis de Moisés, que sabia de coração, as 613 leis, todas gravadas no meu modo de sentir a vida, até que Felipe me falou do Divino Galileu. No início, minha alma queria apenas testamentar que nada vindo de Nazaré poderia valer a nossa atenção, com o cuidado de não me ver ludibriado por falsos profetas; ser enganado por promessas vãs. Um bom judeu jamais poderá se desviar do caminho estabelecido pela Aliança e celebrado pelos profetas.

Entretanto, ao aproximar-me daquele que parecia um sol a irradiar-se em luz na totalidade dos sentidos, minha alma rompeu em prece silenciosa: era o mesmo olhar daquela tarde debaixo da figueira! A mesma voz a tocar uma música em meu peito; chama ardente do candelabro que nunca se apaga! – Esse é o Messias anunciado! Eu o sei. Mas antes que minha boca externasse o meu encantamento, o Senhor disse:

– Eu o conheço, Natanael!

A afirmativa de Jesus confirmava que a experiência nas proximidades do canal de travessia ao deserto, era real. Eu não havia sonhado.

– ... e em verdade não há em toda Israel homem mais justo que este, pois age conforme pensa e acredita! Doravante, novas visões terá e novos caminhos seguirá!

Rompi de joelhos:

– Eis o filho de Deus, o primogênito, o filho da promessa! Minha alma é sua, Senhor! Seguirei os seus passos!

– Reconheceu-me na visita silenciosa do deserto de suas reflexões? Conhecia-lhe antes, antes mesmo daquela tarde... E você, seguirá com o novo pastor, ovelha perdida de Israel? O seu coração ansiava pelas verdades que trago do meu Pai. Vem Natanael, caminha comigo e seus olhos verão os céus se abrirem, as feridas se curarem, os caídos levantarem, porque a você foi permitido ver com os olhos que tão bem lavou nas lágrimas resignadas em travessias diversas. Vem, e não tema o infortúnio, o abandono, a perseguição, porque a água pura do nosso Pai refresca as nossas almas em primavera de flores, promessas de um novo amanhã.

Segui com o Mestre em uma alegria natural. Seu verbo completava a minha alma questionadora que se acalmava em seu regaço. Seus ensinamentos traziam novas lições aos textos de Moisés. Muito mais que um profeta, ele era e é o Messias anunciado e aguardado pelo meu coração.

Naquela tarde meu coração se encheu de esperança e decidi seguir com aquele homem enviado de Deus, onde ele fosse. Meus pés caminhavam sem sentir o chão, eu me esquecia das horas, só no retorno para casa é que me lembrava que "os meus" não acreditavam em Jesus e eu era tomado como desertor das tradições, traidor de um povo.

Quantas vezes busquei a Escritura para apoiar a fala de Jesus? Quantas vezes mostrei aos meus pais "os sinais" de que Jesus era o enviado prometido? Curava os feridos, expulsava os demônios, era capaz de intervir na natureza, de transformar a água em vinho, mas minha família me considerava um louco e se envergonhava de mim. Nada me doeu mais que o desprezo de minha mãe e de meu pai, porém eu sabia que o entendimento vem quando o coração cresce. Eu tinha recebido amor suficiente deles e poderia aguardar o dia que pudessem compreender a mensagem de Jesus e o dia em que isto acontecesse eu estaria de braços abertos para recebê-los em gratidão que nunca se esvaiu de meu coração, porque servir ao Cristo é beber o Evangelho com a taça da alegria e do contentamento.

Todas as dificuldades estão para nós como espátulas a nos burilar.

Cada sentimento nobre que exercitamos é uma fruta da frondosa árvore da vida e cada lágrima que enxugamos é semente da boa obra que depositamos ao solo. Por isso, o seguidor do Cristo não tem motivos para sofrer, porque a presença de Jesus preenche os vasos de nossa alma e transforma nossas enfermidades em alavancas sublimes de estações mais altas. A palavra de Jesus exercitada por nós em vivência é capaz de transmutar as águas de nossas sentimentalidades em saboroso néctar dos vinhedos mais elevados das emanações de amor e perdão. Como nas Bodas de Caná, que nós possamos oferecer as nossas vidas ao Cristo, para que ele a transforme no melhor vinho, símbolo de transformação majestosa do homem mundano em um homem novo e modificado.

Deixemos Deus agir em nós e façamos "tudo o que o Mestre nos ordena"[4]: amemo-nos uns aos outros[5] para que nossa vida se transforme em um templo de serviço em adoração a Deus.

Muito mais tarde tive a felicidade de receber meus antigos pais como filhos do coração; meus irmãos como amigos da Igreja de São Paulo e hoje trabalhamos todos para Jesus. E, talvez, alguns interroguem pelos algozes que me tiraram a pele porque não abjurei o Cristo, estes são meus filhos espirituais, por quem velo há vinte séculos com muito carinho, pois são meus irmãos e me sinto profundamente

---

4. João 2:5
5. João 13:34

ligado a eles nessa história de amor em que cada um de nós escreve uma página, uma vírgula, mas todos em transformação para o vinho santo (*Kadosh*): o homem renovado em Cristo Jesus.

CAPÍTULO 4

As horas cheias de graça

ISABEL JÁ ERA uma senhora com alguns fios prateados nos cabelos, quando Zacarias emudeceu e o Senhor enviou aquele que deveria vir primeiro: João.

A graça se estabeleceu naquele lar e os dias eram ridentes à medida que o ventre de Isabel tornava-se arredondado. Zacarias era expressão de alegria que derramava-se nos olhos e, mesmo mudo, sua alma entoava cânticos aos céus.

Quem não recebeu sua missão? Zacarias recebeu a boa nova das mãos do anjo Gabriel, mas precisou aquietar a alma para escutá-lo: *junto desse missionário, o Messias prometido viria.* Isabel fora avisada. E quando a prima adentrou na pequena varanda que antecede a casa, uma alegria incontida movimentou o ventre daquela que seria conhecida como a protetora das nações Íbero-Americanas, Isabel:

– É venturada dentre as mulheres! Bendito é o fruto do vosso ventre, posto que é o Messias esperado e gerado no poder de Deus! Quão honrosa é sua presença em meu lar! Graças a você, minha irmã! – e ajoelhou-se para beijar-lhe os pés. – Bendito seja o solo que o nosso Cristo pisará! Glória a Deus nas alturas!

As primas passaram dias e tardes conversando e se preparando para a tarefa de educar as grandes almas, o coração delas não dimensionava o tamanho do sacrifício. Imaginavam, porém, como mães encarnadas, traçavam em suas mentes um futuro sem nódoas para as luzes que encarnariam, imaginavam pequenas lutas, muitos desafios, mas se entregariam à tarefa como só elas poderiam fazê-lo.

Maria auxiliava Isabel na coleta de frutas frescas que eram servidas com mel. As oliveiras estavam abarrotadas e o seu fruto, servido com pão de cevada e azeite. À noite as primas-irmãs liam a Torá e entoavam cânticos de Davi, já que o senhor da casa estava mudo. As interpretações de Maria ganhavam a nota mais elevada, nunca antes ouvida, era como se as paredes de barro fossem quebradas e o chão fosse elevado numa claridade de verdades sublimes. Outras mulheres da vizinhança do pequeno povoado (nas proximidades de Jerusalém) vinham também. Maria apresentava uma vitalidade que impressionava e, por inspiração do próprio Cristo, solicitou a Isabel que ali reunisse crianças – *todas quanto fosse possível* – para falar a elas do Messias anunciado por Isaías, ensinava-

DAS COISAS QUE OUVI E SENTI DE JESUS | 49

-lhes sobre Abraão, Sião e Davi: *mas que bendita ponte que construímos em nosso coração, o Messias representa o maior e o mais profundo passo!*

Assim que João fora para Hebron, Isabel retomou "as conversas" com as crianças, preenchendo a saudade que a saída de João deixara. As conversas com Maria traziam a ela novamente as ondas da expectativa dulcificante, ancoradas nas armaduras da fé. Advertira o filho para que seguisse sempre a voz de Deus e não temesse, mas quando o amado de seu coração atacou formalmente Herodes Ântipas, sentiu uma lança trespassar-lhe o peito e deitou os joelhos em oração para que Deus o amparasse. Visitou o filho na prisão com os olhos amargurados de mãe que sente na carne as lascas cortantes do sofrimento do filho amado. Suplicou a João que moderasse e ainda assim fora advertida por ele.

Os olhos do apóstolo da fé iluminaram-se de claridades novas, tisnada[6] com a força que rompe o amanhecer, dos primeiros raios de sol da manhã; de sua boca partiam escadas e escadas que ultrapassavam o alcance terrestre:

– Minha mãe, que ouço de você? Serva de Deus e filha de Arão?! Pede-me que abandone a verdade por causa de alguns anos terrestres? Quem prepara o caminho não pode se ocupar de agradar seus compatriotas! Sou a boca que Deus utiliza a chamar o povo desviado para seguir os passos daquele que veio ser a porta que nos leva de volta a Deus. Não

---

6. Queimados de sol

se conserta o que está torto colocando adorno nos galhos embevecidos[7] no mal, mas despertando o homem para que viva com a moral e a ética. Toda a ação vil será cortada pela lança do Deus único! E todo fruto apodrecido será apartado, para um novo projeto de redenção. Agora Jesus será reconhecido pelos que já optaram por endireitar os caminhos da ganância, do supérfluo, do ódio sem fronteiras e da loucura que cega. Minha tarefa é despertar os lobos para Deus, nem que para isso tenha que perder a cabeça.

Isabel rompe em prantos. Viúva há alguns anos, já bastante idosa, pensava na vida grandiosa de ser serva de Deus! E se o sobrinho era o Messias, poderia tranquilamente auxiliar o filho amado, afinal, os filhos não devem preceder os pais no vagão da morte...

– Que me falam as palavras tortas desse coração já treinado no amor? – fala o filho do seu coração.

Isabel assusta-se, o filho poderia ler os seus pensamentos? Quem era ele, afinal?

– Sou seu filho, mas antes que me concebesse já era soldado do Altíssimo! Que seriam dos filhos das mães dos profetas se eles se alimentassem do colo materno, dócil e seguro, eternamente e se esquivassem da tarefa por temer o martírio? Conhece algum agricultor que ara a terra sem grandes sacrifícios às mãos carnais? Escuta, mulher, meu serviço agora é o da aragem para que o filho do Altíssimo

---

7. Encantados

DAS COISAS QUE OUVI E SENTI DE JESUS | 51

semeie e que para outros tantos cultivem, propiciando a colheita individual da videira de nosso Pai. Por que não cantarola desde agora a vitória do filho do seu ventre? Morrer agora, para viver em espírito! Se fracassar, minha mãe, cedendo aos caprichos mundanos, aterrarei o meu espírito ao lodaçal de erros antigos que me perseguem, por puro medo de sofrer! Quem tem o espírito deitado nos braços do Altíssimo não teme a verdade! Não teme o escarninho, apenas se prepara para ser recipiente saudável a não corromper o que ouviu dos céus! Desde a mocidade tenho procurado os iniciados do deserto a fim de preparar a carne e o espírito para ser uma vara na mão do Senhor; os seus anjos têm me falado diretamente e me orientado como agir e como falar. Tenho jejuado. Abstenho-me da carne de animal, do sexo, do vinho, me preparado, justamente, para essa hora que me é chegada... e não devo falhar! Não falharei porque o Espírito do Senhor habita a minha carne!

Isabel é tomada de uma excitação santa e as palavras do filho abriram-lhe as paisagens da alma em perspectivas futuras, mas também de sentimentos que a embalaram desde que aquele menino crescera em seu ventre. É verdade! Sempre soubera da tarefa do filho! Nas mais doces alegrias do lar, um sentimento de pesar lhe sobrevinha, qual uma sombra pequena dos dias ensolarados. Sabia que aqueles dias eram acréscimos de misericórdia para suas noites escuras; que aquele menino não lhe pertencia, passava por ela como um presente. E se recebera um presente do Altíssimo, muito natural que o devolvesse quando convocada. Aliás, o que de fato lhe pertencia? Vasculhou a natureza em sua mente, sua casa, seus pais, seu esposo... o que de fato era seu? Tudo e todos pertencemos a Deus. Viemos d'Ele e um dia retornaremos. Que sua alma aprendesse a despedir-se...

Lembrava-se das tardes de chuva da sua infância, quando o arco-íris emanava a certeza de uma concreta aliança de venturosas promessas e, tão logo as nuvens se iam, fazia-se necessário despedir-se do arco colorido, ponte de Deus com suas criaturas, mas seu pai lhe dizia:

– É preciso acreditar, Isabel, mesmo quando os seus olhos não possam ver! O nosso Deus é o YAWH invisível, mas que conhece cada um de Seus filhos como a palma da mão, sabe a conta exata dos fios de cabelo... Quão honrado é aquele que confia apenas com as imagens que traz dentro de si!

Chegado o momento oportuno, conhecera o noivo e aprendera a despedir-se de sua família de origem, pais e irmãos: "deixará, o homem, o seu pai e a sua mãe, e apegar-se-á à sua mulher, e serão ambos uma carne"[8]. Despedir-se das terras fartas da Galileia e partir para as proximidades de Jerusalém. Despedir-se do que lhe era habitual e adentrar num horizonte desconhecido, ainda que maravilhoso, causava-lhe medo. Ser mãe era um sonho de ventura qual néctar de pêssegos maduros, mas seu corpo de mulher não produzia fruto

---

8.   Gênesis 2:24

algum, por anos a fio. Sua alma despedia-se desse sonho a cada ciclo lunar. Tivera de aprender com as plantas o ciclo da vida e das estações, despedir-se do que se foi e sustentar a beleza do hoje, sem saber como será o amanhã, aceitando a vontade soberana do Altíssimo, preparando-se para o que é imperecível, para ser serva que sustenta a copa sem esmorecer na estiagem. Deus não a abandonara! Jamais abandonou o seu povo e mesmo ante as circunstâncias mais penosas encontrara motivos e certezas de que Ele estava na condução de sua vida. Aprendera a despedir-se dos medos, dos pequenos medos infantis aos medos escondidos traduzidos em insegurança, receio ou agressividade. A conversa íntima que travava com o Deus de Israel era um mapa seguro que a transportava para a seguridade das montanhas mais altas, e ali a voz de seu pai parecia ecoar novamente a lhe dizer:

– Isabel, despede-se da chuva que o sol já vem! Despede-se do sol que a noite já vem! Só uma certeza se tem, minha filha, Deus ali está – e apontava para o firmamento estrelado – sempre a nos esperar. Faça a vontade d'Ele e Ele conduzirá os seus passos rumo ao deleite dos céus! O bom filho de Israel deve sempre esperar o melhor, ainda que na noite escura do deserto, afinal, dali aponta mais facilmente a primeira estrela no firmamento. E se a primeira, a que abre caminho para as outras, temesse a escuridão, não teríamos as estrelas luminosas em nossas noites!

Já eram os "avisos" do céu a preparar os caminhos das despedidas que o seu coração deveria percorrer, preparando-

-a para a lição mais difícil, a derradeira e mais dolorida despedida. Bem provável que Deus já falava para ela do destino daquele que deveria abrir o caminho para o Filho do Altíssimo. Sim, aprendera a despedir-se do que é transitório, passageiro. Despedir-se de sua própria vontade para se colocar à disposição do Deus de Israel, do Deus de todo o planeta. Lembrou-se das tardes que passara ao lado do esposo, despedindo-se de sua estadia na Terra, como o amava e como foi também amada! Preparou-lhe o corpo conforme os preceitos de seu povo e entoou cânticos para diminuir sua dor...

– Minha mãe! – e João ajoelhou-se aos pés de Isabel, beijando-lhe os pés. Isabel caiu em prantos, abraçando o filho com as mãos por entre as grades. – Minha mãe! Por que chorar a saudade de segundos se em breve estaremos no Trono do Altíssimo? As trombetas já tocam! É o chamado para os justos tomarem da herança e a senhora irá comigo!

Isabel não conseguiu mais falar, emudecera. Amava aquele menino, agora um homem! Era um profeta? Enviado de Deus? Glória ao Senhor! Mas era seu filho amado que agora deveria entregar a Deus! Jamais fora dela! Era uma estrela e como qualquer outra não se pode prender, assim são os filhos. Tudo passa. Seus anos de espera, de luta, de anseios passaram. Ela também não era a mesma, suas mãos, seus olhos... carne cuja a qual, pouco a pouco, também se despedia. Passou a ver uma luz diferente a envolver João, tomando-lhe as feições, e parecia que o próprio Deus tomava sua face:

DAS COISAS QUE OUVI E SENTI DE JESUS | 55

– Não tema! Eu estou aqui! Vai, minha filha, aprende um pouco mais a despedir-se e a devolver o que o céu lhe emprestou. Nada que vê e contempla com os olhos da carne permanece, tudo passa. O corpo adoece e morre; as construções de pedra se vão. Ouro e pergaminhos se perdem. Procura não se apegar a nada e a despedir-se sem apego de tudo que lhe pertence, porque uma riqueza maior lhe aguarda, filha de Arão, a herança de meu Pai que está nos céus! Sê feliz agora com o que o céu lhe reservou e não sofra pelo que se vai... Em verdade lhe digo que o templo será destruído e não sobrará pedra sobre pedra e eu o reerguerei, porque sou o caminho, a verdade e a vida! Voltarei dentre os mortos para mostrar que tudo passa, exceto os ensinamentos que trago de meu Pai.

Isabel entendeu que ali se manifestara o Cristo de Deus através da boca de seu filho. Terminado o transe, mãe e filho se despediram com o afeto que não se traduz em palavras, mas o amor que se separa através do tempo sem nunca se acabar, ou diminuir. Ficaram assim anestesiados pelos dias que se passaram, e quando os acontecimentos trágicos advieram, ambos permaneceram em paz.

Na noite fatídica da partida de João à pátria espiritual, Isabel, em pensamento, seguiu o filho despedindo-se dele, com a alegria que soubera construir nos dias de agonia de toda uma vida. Quando Maria e Jesus chegaram, a tia viu nos olhos do sobrinho o Messias do dia da despedida, e tivera a certeza de que ele a preparara com o seu pensamento dinâmico. E quando Maria a convidou a seguir com ela para Nazaré, agradeceu-lhe dizendo:

– Seguirei com você, por onde for! Já despedi-me da casa que me abrigou anos a fio para adentrar no templo reconstruído.

Jesus sorriu acolhendo a aluna que entendera a lição:

– Vem, Isabel, que já construiu sua nova morada com os tijolos da fé e a argamassa da entrega. Venceu o mundo e conquistou o caminho glorioso da morada imperecível que o meu Pai plantou nos corações dos homens! Cumpriu bem a tarefa de preparar o maior de todos os nascidos de mulher! Ensinou ao mundo a graça de despedir e devolver com a leveza do amor. Despede-se do que lhe pesa e seja feliz!

CAPÍTULO 5

Aquela que vira o Senhor nascer

Nas proximidades de Nazaré, no vilarejo de Naim, uma jovem de cabelos lisos destacava-se na obediência ao Senhor e na pureza das atitudes. Trazia na alma uma quietude traduzida em paz, que irradiava formosura. Famosa pelos bolos que fazia, conhecendo o menino Jesus, preparava para ele uma cesta de frutas e pequenos bolos de grãos adoçados com mel.

Quando sua mãe permitia, passava algumas tardes com Maria e o menino de Nazaré; era mais velha que ele três ou quatro anos, mas o menino procurava estar por perto nas tardes em que ela passava horas e horas auxiliando Maria a tecer. Sentia nela a ternura de uma mãe e Maria via em Suzana a filha que não tinha. A menina doce, de voz suave, trazia a plena certeza de que o menino de olhos da cor azul celeste, trazia as verdades do céu. Aquelas tardes eram de estudos aprofundados de interpretações das Escrituras e os três dialogavam como se melodias fossem extraídas das cordas de belas harpas, mas profundamente resistentes e sólidas.

Maria se encantava com a curiosidade da menina, que trazia já de casa a sua lista de perguntas, na maioria das vezes discutida e interpretada por ela mesma, mas quando o menino se ajuntava a elas, Maria se calava para ouvir a "melodia dos céus". Como era belo ver as duas crianças falarem do Altíssimo!

Mas as crianças crescem e necessitam tomar o destino que seus pais traçam a elas e a mulher judia tem de tomar o marido que os pais escolhem, calculando e preparando um terreno de proteção para as filhas que honram o nome do Senhor a produzir herdeiros dos céus!

Suzana noivou-se e casou-se. Nunca mais vira o amigo da infância. Tivera apenas um filho e por causa disto, por inúmeras vezes, ouviu de sua sogra que tinha "as entranhas apodrecidas" e que "suas sementes, a linhagem de seu pai, deveria trazer alguma imundície ou pecado".

Seu esposo nada falava. Nem em sua defesa, tampouco a seu favor. Olhava para o filho e depositava nele toda a esperança de uma retaliação, ou pelo menos a prova de que ela jamais traíra o povo de Israel e que sempre fora obediente às Leis e aos costumes.

Senhor, que a verdade um dia, seja revelada!

Que cada criatura possa ser examinada pelos sentimentos que traz em si!
Sinto-me tão pequena e abandonada!
Cuida de mim, Senhor, como cuida de suas ovelhas!

A jovem senhora, embora triste e humilhada em algumas situações, nunca perdera a esperança e a paz. Cultivava no silêncio da sua alma um pouso seguro para suas orações e passava o dia nos afazeres domésticos, na lida com os animais e no ensino das escrituras para o filho amado: Ezequiel. Era feliz, nas semanas em que a sogra não lhe vinha em casa, era muito feliz e satisfeita. Na sua condição de mulher cuidava de seu esposo com devoção e orava ao Deus de Israel que lhe enviasse mais filhos, mas numa suave expectativa, sem anseios, vivendo a graça de cada dia, com a plena estabilidade de sentimentos, sem exaltação; glorificando o Senhor nas pequenas e grandes alegrias; nas pequenas e muitas decepções.

O esposo fiel e companheiro, certa noite, volta com febre delirante e cai prostrado no leito. Três dias e três noites de agonia e suas preces pareceram voltar a sua porta sem serem ouvidas pelos céus, e o querido companheiro caiu em sepultura. O desespero ronda as portas de sua alma, mas a fé construída, tijolo a tijolo, por sua insistente teimosia de encontrar sempre a mão de Deus e agarrar-se a ela, na certeza de Seu amparo, fê-la firme e serena, afastando os pensamentos desequilibrados.

E agora? O que será de mim, viúva em Israel? Terei de aceitar como marido um velho irmão de meu esposo e a autoridade de minha sogra? O que será de mim?

Uma luz advinda de seu templo íntimo soou como uma grande solução a acalmar-lhe de imediato:

– Tem um filho varão em maioridade, que pode fornecer-lhe o sustento do lar.

– Verdade! Ezequiel já completara 13 anos! Em breve poderá se casar! – e este foi o argumento que Suzana usou quando a sogra tentou apropriar-se de suas terras e ovelhas.

Ezequiel amava a mãe e em memória ao pai tornou-se um jovem digno, cumpridor de suas tarefas, com o zelo de um bom judeu; cresceria e tomaria uma jovem como esposa. Cuidava muito bem das ovelhas e os negócios do pai multiplicara.

Suzana trazia nos olhos um orgulho santo de ver a bondade instaurada no coração do filho, que era ainda tão jovem e com tantas responsabilidades! E orava ao Senhor a graça de tantas bênçãos em seu lar; agradecia a abundância em sua vida; Ezequiel era o tesouro com que o céu lhe presenteara e que ela não se sentia merecedora! Mas um dia aquele jovem, que era um presente de Deus, adoecera e as nuvens turvas da tempestade tombaram nas janelas de Suzana.

O sol se punha e se levantava, e Suzana permanecia ajoelhada aos pés do filho. Colocava-lhe compressas imersas em ervas medicinais; derramava-lhe vinho santo nos pés; orava; jejuava; derramava unguento em sua testa, mas Ezequiel per-

DAS COISAS QUE OUVI E SENTI DE JESUS | 63

manecia delirante, o peito arfava agitado como um ruflar de uma borboleta; parecia que sua alma desejava volitar e deixar o mundo corpóreo... *Oh!, não, não pode ser! O que será de mim?*

As pessoas do povoado se aproximavam em solidariedade à jovem viúva, que era muito querida. Não só ela, mas o filho conquistara a simpatia de quase todo o povoado que não mediu esforços em auxiliar Suzana.

Mais um pôr do sol. As últimas nesgas lilás-violáceas deixaram o firmamento, tornando mais serena a ponte entre a Terra e o Céu. Uma escuridão crescente tombou sobre a sala da pequena casa, afrontada apenas pela fagulha de uma vela próxima ao leito de Ezequiel. O seu peito parecia lutar cada vez menos pelo suspiro da vida, até que um último suspiro partiu de seus lábios semiabertos:

– Eu volto, mamãe! Des...cansa! (...) Deus provê...

Suzana debruçou-se sobre o peito do filho, na certeza de que devolvia ao Senhor um tesouro, o mais caro deles! Mas como Abraão no sacrifício de Isaac, também ela se entregava à vontade do Altíssimo! Somos todos filhos de Deus e os nossos filhos passam por nós...

– Oh!, Deus, recebe em seus braços uma joia, um tesouro que o Senhor mesmo colocou em meu ventre, e me ajudou na formação de seus ossos, da provisão do leite... Como dói devolvê-lo assim, mas o meu coração regozija-se no Senhor, porque foi sempre o meu refúgio e confiou nessa serva para cuidar de uma fagulha do seu amor.

Seguiram as horas com as cerimônias judaicas de preparação do corpo que Suzana e outras três senhoras faziam entoando cânticos: "Recebe, oh!, Senhor, na sua morada, um justo do seu reino de Amor e Justiça. Glória Senhor!".

Após três dias encaminharam-se todos para a sepultura onde estava o pai de Ezequiel. Suzana não rasgou as vestes, não gritou, apenas chorava silenciosamente. Mas em seu íntimo esperava pela intervenção de um anjo, como no sacrifício de Isaac, para salvar seu filho, e pensava: *Deus, se for da sua vontade, dá um último sopro de vida a meu filho antes que ele seja deitado em sepultura!*

Eis que Jesus surge com seus discípulos na porta da cidade, identifica o cortejo fúnebre e acolhe o pensamento aflito de sua amiga dos tempos infantis.

– O que acontece? – Jesus indaga ao mesmo tempo que vasculha a ressonância do ambiente e decodifica os detalhes vibracionais impressos na mente de todos ali presentes e, mais precisamente, de Suzana. Rapidamente passa a mapear o campo magnético de Ezequiel, sua energia vital e os elos que o prendiam ao corpo físico. Sim, o menino não havia desatado os nós, poderia, então, intervir e deixar uma lição viva a todos os jovens.

Jesus aproximou-se de Suzana, tocou-lhe no ombro direito. Esta virou-se a encontrar-se nos olhos de Jesus, que tomou-lhe as mãos:

– Acalme-se, mulher! O seu filho amado vive!

Suzana arfou o peito de uma alegria incomensurável, era o sinal que estava aguardando!

Em seguida Jesus toca levemente os pés de Ezequiel e diz:

– Acorda, jovem! Levante-se para a vida! – e num milagre, Ezequiel abre os olhos e põe-se de pé.

As palavras de Jesus ao filho da viúva de Naim devem calar no coração de todos os jovens, filhos da Terra.

Acorda, jovem, para a vida em abundância!

Acorda para os valores eternos que pulsa dentro de você, desde os tempos em que foi formado no ventre de sua mãe!

Deus tem planos para você. Mesmo que agora os seus olhos de carne só consigam contemplar desilusões, frustrações e o caminho pareça-lhe escuro e sem saída, espera, Deus traz soluções inesperadas, ainda que o seu coração se afunde na desesperança.

Deus não nos esquece e alegra-se quando de bom grado retornamos para a casa!

Acordar para a vida é cumprir com suas obrigações corriqueiras, seguindo hábitos saudáveis, esportes e alimentação, mas também boas leituras e higiene pessoal.

Acordar para a vida é honrar os pais pela vida, obedecer-lhes a orientação segura; é cuidar dos próprios pensamentos e emoções; é cultivar o templo íntimo para conversar com Deus através da oração, mas também através da música e poesia das belas artes. É não fugir do trabalho! Mãos ocupadas afugentam a tentação.

Acordar para a vida é sentir-se filho do Criador e saber

que guarda todas as virtudes dentro de si e que o único desafio que nos é pedido é que as desenvolvamos gradativamente.

Os jovens são também obreiros do Senhor na vinha de amor e luz que se esparramará por toda a Terra.

Suzana gritou:

– Quem é este homem se não o Filho de Deus? – em lágrimas beijou-lhe as mãos, em seguida abraçou o filho e Jesus juntou-se a eles.

A partir daquele momento, poucas foram as vezes que Ezequiel e Suzana se afastaram de Jesus. Ezequiel auxiliava a todos nas acomodações em casa de Simão e acompanhava Jesus em suas pregações. Suzana também acompanhava Jesus, outras vezes acompanhava Maria e esteve ao lado desta nos últimos dias que se seguiram ao Getsamani, dias tristes e de dor. Também esteve na glória da ressurreição e até os fins dos seus dias contava a todos a história do filho de Deus! Encontrou-se com Paulo, mais tarde, e lhe contou em detalhes muitas cenas que presenciara. Ezequiel acompanhou Bartolomeu em suas andanças; visitou, algumas vezes, Maria e João em Éfeso e continuou atento para suas tarefas de evangelização de jovens. E ao contrário de outros seguidores de Jesus, não foi perseguido, nem martirizado, mas guarda até hoje os ensinamentos do Rabi da Galileia.

CAPÍTULO 6

Um místico fariseu

Nas terras da Judeia um fariseu, descendente da tribo de Isacar, percorria a cidade em busca de respostas para os enigmas da Torá. Era velho conhecido do Templo, procurava as palavras dos oráculos para compreender a transcendência da Lei, escrita e comentada de Moshé[9]; sua alma aspirava por fenômenos místicos em que pudesse compreender o lugar da alma de um justo no céu; queria entender o processo de morte e decifrar o Livro da Vida, o código secreto para tomar posse do paraíso perdido por Adão. Sonhava em encontrar caminhos luminosos que o levassem à companhia do "Sumo sacerdote do templo dos Anciãos"[10], as chaves para os sete céus. Estava disposto a pagar qualquer

---

9. Moshé: Moisés.
10. O autor espiritual esclarece que é um termo designado para o Deus encarnado, o Messias. Templo dos Anciãos nas visões dos profetas do sétimo céu.

preço, qualquer sacrifício, por um entendimento espiritual dos textos da Torá.

Os mortos poderiam conversar com os vivos! Ele o sabia. Vira a sombra de seu pai, diversas vezes, ao seu lado, indicando-lhe o pensamento seguro, tal qual fizera em vida; sua voz era ouvida em sua mente e sabia-se fora de êxtase ou de qualquer fenômeno mais ousado que lhe identificasse como profeta. Não o era. Não tomara contato direto com Deus, mantinha sua consciência firme e perfeita, comum ao homem que tem suas tarefas rotineiras, mas ainda assim, podia comunicar-se com seu pai algumas vezes. Não podia evocá-lo e não o fazia! Afinal, era um fariseu, cumpridor das 613 Leis de Judá! Entretanto, seu saudoso pai aparecia-lhe por vezes, sem hora ou dia determinados, sem previsão alguma, totalmente alheio à sua vontade. Jairo permitia-se desfrutar da experiência, mas intrigava-se com tal fenômeno, que não se enquadrava na loucura, mas distanciava-se do dom dos profetas escolhidos pelo Deus de Israel para revelar as suas verdades eternas.

Jairo buscava também compreender o fenômeno dos possessos. Por que certas pessoas são tomadas por espíritos malignos? Onde estará o poder de Deus que não afasta tal temeridade dos justos? Se não é castigo do Senhor, que força é essa que faz pessoas de bem portarem-se como animais? E por que os sacrifícios não afastam as enfermidades dos corpos dos filhos inocentes e sem pecado? Haveria de ter um sábio, um eremita que tivesse encontrado as respostas no Livro da Vida! E passou a cultivar a ideia de encontrar tal homem, fosse onde fosse, custasse o que custasse.

Decidiu vender parte de seus bens para financiar suas viagens por toda a Palestina chegando até o Egito, e recolheu muitas histórias, muitas explicações. Encantou-se a princípio, depois, enfadou-se. Tanto misticismo contrário às bases de sua fé, que a avidez pelas explicações tornara-se silenciosa.

Seus passos cansados de trilhar perguntas sem respostas se estabeleceram ali mesmo, em Cafarnaum, na sinagoga. Jairo tinha uma filha pequena, e somente ela. Se ficasse mais tempo em sua cidade poderia ter mais filhos, descendentes de Israel.

Na Sinagoga poderia estudar e orar, contemplar a mística dos ensinamentos da Torá, longe dos sacrifícios e tarefas exaustivamente ininterruptas do Templo; necessitava formar bem o caráter de sua filha Sara.

O Deus Yaweh, o poder supremo, haveria de abrir os seus olhos para um entendimento mais profundo do relacionamento com Deus e com as criaturas deste e do outro mundo. Não mais comentou suas dúvidas, suas aflições. Tornara-se cada vez mais contemplativo até que um dia começou a chegar na Sinagoga a notícia de um menino diferente, filho de José – o carpinteiro, visitara a família logo após a famosa passagem de Jesus no Templo de Jerusalém, por ocasião das festas da Páscoa. O menino o recebeu na porta, pelo nome, ofereceu-lhe um banco de madeira e sentou-se do seu lado em silêncio.

O olhar penetrante e pleno ainda que silencioso falava muitas coisas. Era de um azul tão profundamente belo que Jairo, como que hipnotizado, mergulhou neste mar. Quanto tempo permaneceram ali? Minutos? Ou horas? Não saberia responder. Todavia Jairo passou a vasculhar sua vida desde a infância e suas principais indagações. Era como se Deus falasse através do olhar de Jesus e então parecia ouvir, através das vibrações de suas células, todas as respostas que tanto buscava. Não só ouvia, mas compreendia, num jogo de luzes, ritmos e emoções. Seus olhos lacrimejaram ao ouvir "Eu sou". Sim, era o Deus "Eu sou" manifestado naquele que deveria ser um profeta de Deus, aquele menino!

Jesus tocou-lhe suavemente as mãos e disse:

– Viu, Jairo? É assim que Deus fala conosco, no silêncio das nossas almas! Todas as respostas encontram-se aqui – e apontou para o peito de Jairo – dentro de nós! Basta que aquietemos um pouco o nosso coração.

Sorrindo, levantou-se e como um rapaz de doze anos, pediu licença e foi à carpintaria de José continuar um trabalho que recém começara, com uma naturalidade embaraçosa. Jairo, sem conseguir medir o tamanho da sublimidade da experiência, deixou a casa de Maria e José sem provar das broas de cevada.

Jairo imortalizou esse contato íntimo com Deus na memória viva, mas silenciosa de sua alma interrogativa. Quem seria aquele menino? Seria o enviado de Deus? O Messias das escrituras? A sua alma já tinha aprendido a refletir pausadamente e esperar o tempo das coisas, das estações, dos ciclos.

Os anos se passaram.

Sara já era quase uma moça, seu filho Gabriel e sua esposa grávida de mais uma criança preenchiam de alegria o seu coração. Deus sorria para ele! Porém, poucos dias após o nascimento da criança, seus dois filhos são acometidos de uma febre rubra que lhes rouba a vida.

Jairo rasgou as vestes numa dor profunda, e por sete dias permaneceu mudo conversando com Deus: por que deixava que pessoas inocentes pagassem pelos erros dos pais? O que tinha ele feito para ser castigado?

O choro da criança recém-nascida o despertara novamente para a vida. Tomou-a nos braços e lembrou-se de Davi e de tantos outros que sobreviveram à morte dos filhos, ele também deveria submeter-se à vontade de Deus, custasse o que custasse.

Em suas meditações profundas entendia que a alma era o sopro de Deus, que tomava forma no mundo dos homens e voltava para Ele, num movimento circular cada vez mais próximo até a comunhão completa. Ninguém morre de fato, transmuta. Ele podia sentir a presença de suas crianças próximas ao seu pai, Sara lhe trazia flores e beijava-lhe as mãos.

Chorar para quê? Estamos todos num movimento de vai e vem para Deus! que cuidasse de mamãe! Que cuidasse da irmã que seria instrumento para que as profecias se cumprissem.

Com a ajuda de Jairo a esposa levantou-se e voltou à sua vida quotidiana e a menina recém-nascida passaria ser, a partir dali, o sol de sua vida.

A menina crescia no mais sistemático rigor das tradições judaicas.

Leah passava horas e horas ensinando-a os afazeres domésticos, assim como ensinava as tradições de seu povo: o *Shemá Israel*, o cantarolar dos Salmos, o preparo das carnes e bebidas, do pão sem fermento, a importância de cada festa que simboliza o comprometimento do povo judeu com o Deus do Altíssimo e não se separava da filha em tempo algum. Comprometia, dessa forma, suas obrigações conjugais com o excesso de zelo dedicado à filha, mas Jairo compreendia, acima dos anseios carnais, treinava as potências da alma e sabia entender a esposa. Também ele necessitava de seus momentos de solidão e refugiava-se em cavernas a meditar nos escritos de Ezequiel e de Isaías, confiara que o Messias viria e em suas meditações não se esquecia da figura peculiar do filho do carpinteiro. Acompanhava-o de longe, sua vida, seus feitos. Tivera notícias de Caná, estivera na plateia da Sinagoga quando da revelação feita por Jesus na leitura do texto de Isaías 61:

> *O espírito do Senhor DEUS está sobre mim; porque o SENHOR me ungiu, para pregar boas novas aos mansos; enviou-me a restaurar os contritos de coração, a proclamar liberdade aos cativos, e a abertura de prisão aos presos;*

DAS COISAS QUE OUVI E SENTI DE JESUS | 75

A apregoar o ano aceitável do Senhor e o dia da vingança do nosso Deus; a consolar todos os tristes;

A ordenar acerca dos tristes de Sião que se lhes dê glória em vez de cinza, óleo de gozo em vez de tristeza, vestes de louvor em vez de espírito angustiado; a fim de que se chamem árvores de justiça, plantações do Senhor, para que Ele seja glorificado.

E edificarão os lugares antigamente assolados, e restaurarão os anteriormente destruídos, e renovarão as cidades assoladas, destruídas de geração em geração.

E haverá estrangeiros, que apascentarão os vossos rebanhos; e estranhos serão os vossos lavradores e os vossos vinhateiros.

Porém, vós sereis chamados sacerdotes do Senhor, e vos chamarão ministros de nosso Deus; comereis a riqueza dos gentios, e na sua glória vos gloriareis.

Em lugar da vossa vergonha tereis dupla honra; e em lugar da afronta exultareis na vossa parte; por isso na sua terra possuirão o dobro, e terão perpétua alegria.

Porque eu, o Senhor, amo o juízo, odeio o que foi roubado e oferecido em holocausto; portanto, firmarei em verdade a sua obra; e farei uma aliança eterna com eles.

E a sua posteridade será conhecida entre os gentios, e os seus descendentes no meio dos povos; todos quantos os virem os conhecerão, como descendência bendita do Senhor.

Regozijar-me-ei muito no Senhor, a minha alma se alegrará no meu Deus; porque me vestiu de roupas de salva-

ção, cobriu-me com o manto de justiça, como um noivo se adorna com turbante sacerdotal, e como a noiva que se enfeita com as suas joias.

Porque, como a terra produz os seus renovos, e como o jardim faz brotar o que nele se semeia, assim o Senhor DEUS fará brotar a justiça e o louvor para todas as nações.

Isaías 61:1-11

O seu coração enchia-se de maravilhas quando seus ouvidos recebiam notícias de que o filho de José curava os leprosos e libertava os possessos. Ele é o filho de David, porta-voz de Deus em seu carro maravilhoso a descortinar as portas dos céus; a levar nossa alma acima da nuvem do altar do Santo dos Santos! O *Magnificant*!

Certa vez, acompanhava a multidão que o seguia e, viu com os olhos o que só os ouvidos poderiam ouvir, a voz daquele Galileu a conversar com os "demônios" e a expulsá-los com a facilidade de uma brisa no toque da folha. Que homem é esse, se não o filho do Altíssimo, o anunciado pelos textos do profeta Isaías? Seu coração o sabia! Mas nada poderia fazer em sua comunidade, pois representava os sacerdotes do Templo, o que os setenta e dois decidissem, ele deveria representar e cumprir.

Cada dia que chegava, naqueles tempos, trazia um milagre, um sinal de que Jesus era o Messias. Comentara com Leah, mas a esposa temerosa o advertiu:

– Não se aproxime dele ou quer que o Deus de Israel nos

DAS COISAS QUE OUVI E SENTI DE JESUS | 77

castigue? Veja, homem, nossa única filha cresce em beleza e saúde, logo mais a veremos crescida e nossa casa encher-se--á de esperança novamente com a alegria dos netos! Escuta, homem, não suportarei outra morte em meus descendentes! Não se envolva com baderneiros! Este homem de Nazaré parece desafiar as Leis de nossas tradições, não respeita o sábado e nem os cuidados com a comida. Parece ser bom, mas é um baderneiro. Não aguce a ira de nosso Deus. Lembra-se do profeta Ezequiel e das tormentas que o nosso povo fora submetido na diáspora, após a invasão babilônica. – E, beijando a estrela de Davi cravada em sua pulseira, arrematou. – Sejamos fiéis às tradições, veja o que aconteceu ao Batista!

Jairo não poderia argumentar. Também ele vivia em conflito com o que sentia e com o que aprendera. Porém, a sua alma mística não deixou de acompanhar e se regozijar com os feitos de Jesus, e quando uma ordem de repúdio partia da Sinagoga, ele tentava amenizar com argumentos extraídos dos textos sagrados.

Mas Deus, que age nas entrelinhas dos destinos, tece a trajetória espetacular de ascensão de cada alma no silêncio das horas e dos encontros aparentemente fortuitos. Prepara cada ser com lições programadas, registradas na memória como alicerces a aprendizados futuros. A alma de Jairo já tinha recebido as lições necessárias para o aprendizado final. A dor, o tempo e a dúvida preparam o terreno para as grandes verdades, que se desnudam à medida que o aprendiz se esforça a compreender o pensamento de Deus.

A filha de Jairo e Leah adoecera. Foram cinco dias e cinco noites de espera sem fim. Leah consumia-se em cuidados e orações e morria um pouco mais, cada vez que a filha delirava.

Jairo recorrera aos sábios da região, mas a menina parecia piorar. Andava para um lado e outro na aflição de imaginar-se passar novamente pelo sofrimento da separação, só que desta vez, Leah não suportaria.

– *Ora em silêncio, Jairo!* – Parecia ver os olhos daquele menino, agora homem, a lhe falar. – *Deus fala em silêncio, Jairo! É dentro de você que se encontram as maiores verdades, não é no Templo, mas em você. Segue a voz de Deus que fala em você.*

Que fora aquilo? Jesus falava com ele? Como? Estava a sós com Leah e Salomé, sua filha. Então levantou-se e, decidido, falou à esposa:

– Vou à procura do Nazareno.

Apesar do espanto, Leah não o impediu.

Aqueles que tiram os olhos da terra e os voltam para o céu, podem alcançar estações sublimes de esperança e consolo.

Jairo acreditava no Deus de Israel. Sua alma estava faminta do *Maná* e se estivera atento para os sinais, Jesus curaria a sua filha porque ele era o filho de Deus! Deus falaria com ele, mostrar-lhe-ia que estava errado se Jesus fosse um impostor! Deus não deixaria que um falso profeta fosse tão longe!

Uma estrela guiava suas emoções e conduzia seus passos até o Mestre, como se soubesse de antemão o seu paradeiro.

A trezentos metros identificou Jesus entre a multidão. O Nazareno sentiu a sua presença, pois de longe lançou-lhe um olhar com o som do "Eu sou", abriu os braços com um sorriso nos lábios como a dizer-lhe: estava a sua espera, amigo! Dize-me que dor aflige a sua alma? O que pode ser maior que o laço que temos com o nosso Pai?

Jairo ajoelhou-se e, em soluços, suplicou:

– Mestre, venha ver minha filha! Ela está em perigo de morte e eu...

Sem esperar que Jairo terminasse, Jesus colocando a mão em sua face o ergueu e disse:

– Vamos até a sua casa.

A multidão era imensa e o calor da região parecia transbordar os rios em suores salgados nas peles tostadas. Pedro franziu a testa, o que o Mestre faria na casa de um fariseu? *Abutres que perseguem e ditam...*

Pedro apenas pensava, mas Jesus olhou-o severamente e o repreendeu:

– Será que um pai ama mais um filho que outro? O filho que mais se perde é o que precisa de apoio para a devida correção.

Felipe olhava, de longe, a cena e comentava com Natanael – que conhecia o velho Jairo:

– Dever-se-á ir além das aparências.

Tiago e João também comentaram que o fariseu era um

grande místico e que havia procurado o Batista em algumas ocasiões. Jesus encerrou os burburinhos ao dizer:

– Quem poderá dizer o que se passa dentro de uma alma? Só conhecemos o fruto pelo caldo que ele dá e não pela casca.

A multidão asserenou e por minutos foi tomada de um silêncio interrompido pela fala do Mestre:

– Quem tocou a minha franja? Eu senti uma força saindo de mim...

Esta passagem fora imortalizada no evangelho de Lucas como a cura da mulher com hemorragia.

– Vai, minha filha, a sua fé lhe curou! A sua ardente vontade de se curar atraiu a graça que de mim saiu. Deus lhe abençoe, filha! Segue em paz!

Os olhos de Jairo brilharam numa intensidade cintilante ao presenciar a cura instantânea daquela mulher, o seu coração subia-lhe à garganta: *Jesus curará minha filha! Graças a Deus!*

Jesus tocou-lhe o ombro, com um sorriso terno, e tomaram o sentido da casa de Jairo, ao que um jovem ofegante aproxima-se aos gritos:

– Jairo, Jairo, Salomé está morta!

Jairo empalideceu, seus olhos turvaram-se em grossas lágrimas e ele então cai ao solo emborcando-se sobre os joelhos. Antes que rasgasse suas vestes, Jesus chama-lhe firmemente:

– Levanta-se! Salomé não está morta! Ela vive, vamos até lá.

Como não acreditar naquele homem que curava em segundos, que ressuscitava mortos, que lia os pensamentos? Seguiria com o Cristo e faria tudo o que ele lhe dissesse.

– Vamos, Rabi.

Pedro espantou-se da maneira como Jairo chamara Jesus: Rabi. Um chefe da Sinagoga chamando o Mestre de Rabi? Era para se duvidar! Quase todos os fariseus tinham o propósito de perseguir. E o que ele via ali, uma armadilha ou um coração sincero?

O Mestre olhou para Pedro como a dizer que silenciasse seus questionamentos, porque havia tarefas mais importantes a realizar. Ajoelhando-se de frente a Jairo, passou a mão em sua face e segurando-a olhou em seus olhos:

– Jairo, tenha fé! Crê, ela apenas dorme! Basta que você creia!

Jairo abraçou-se ao Mestre em lágrimas transbordantes. Jesus o levantou e caminharam até a casa do pai de Salomé.

Desta vez os discípulos permaneceram em silêncio absoluto, mas suas mentes estavam em alvoroçado desalinho; alguns acreditavam que o Mestre não deveria perder seu tempo com fariseus; outros queriam ver com os próprios olhos a façanha de ressuscitar os mortos. Poucos, pouquíssimos, caminhavam com a sincera vontade de auxiliar Jairo, porque simpatizavam com ele, eram João, Tiago, Felipe e Natanael.

Chegaram à casa de Jairo e este correu a abraçar a filha e a esposa. Ao ver Jesus, Leah olha com espanto para ele, pois uma claridade envolve-o de cima abaixo, os seus olhos eram profundos e sua presença respeitosa. Leah chora diante da figura de Jesus. Jairo aproveita o momento e sussurra no ouvido da esposa:

– Jesus disse que nossa filha apenas dorme!

O Divino amigo aproxima-se e Leah ajoelha-se, segura a sua mão e diz:

– Eu creio, Rabi! Minha filha está sob seu poder!

Jesus olha a volta e pede que entrem apenas Pedro, João e Tiago. Estes dois últimos apóstolos de profusão poderosa de amor, magnetismo abundante e simpático à tarefa do dia. Pedro, o fiel aprendiz. Os demais discípulos estavam à porta, controlando a multidão que já se fazia presente, nesta terapêutica não poderia haver abalos provocados por mentes divergentes e indisciplinadas. Ademais, muitos discípulos traziam estrelas na fala capazes de prender a atenção da multidão presente, fertilizando suas almas para o futuro, para tarefas posteriores.

Os dois discípulos tomaram posição em volta de Salomé e seus pais; Jesus à frente dos pés da menina, de modo a formar um desenho de estrela. A imposição de mãos é feita por todos e Jesus, no seu comando de voz, solicita:

– Salomé, levanta-se! Respira e toma parte do que ainda não se foi!

E a menina levantou-se, abraçou-se aos pais e choraram.

Jesus sorria abraçado a João e Tiago. Tiago trazia lágrimas nos olhos.

Passados alguns instantes, Jairo e a esposa trouxeram a promessa de seguir Jesus e deixar a Sinagoga. Jairo queria

DAS COISAS QUE OUVI E SENTI DE JESUS | 83

expor aos seus colegas os feitos do Rabi da Galileia, tinha a certeza de convencê-los. Mas Jesus colocou a destra em seu ombro e disse:

– É da vontade de meu Pai que aqueles que estiverem prontos me sigam e isto eu não poderei impedir. Mas peço: sigam-me com o coração, ainda não podereis falar do que presenciaram aqui. Ainda não é chegada a hora! Entretanto, não posso impedir-lhes de me visitar, de andar conosco, só ainda não é chegada a hora do escândalo!

Jairo abaixou a cabeça e entendeu. Não poderia provocar os anciãos, mas poderia deliciar-se na Fonte pura de conhecimentos, de regozijo. Sua alma tinha encontrado o Messias e isto lhe bastava!

Por diversas vezes vimos este místico fariseu acompanhar Jesus, a anotar suas histórias e seus ensinamentos e o levava à sua família. Acompanhara o Mestre em seu julgamento, na *via crucis*, de longe. No Gólgota sofreu em silêncio, esperando que Deus pudesse "salvar" o primogênito, qual na história de Isaque, mas não! Jesus era o cordeiro da promessa feita a Abraão! E logo após, deixou a Sinagoga para acompanhar os seus discípulos, ensinando e aprendendo, curando e sendo curado.

E nas noites de céu estrelado parecia sentir o perfume das palavras do Homem de Nazaré.

PARTE DO MEIO

Das coisas que senti com Jesus

As estrelas do céu são pequenas para descrever a multidão de conquistas que povoou o meu ser desde que decidi seguir o grande Rabi da Galileia.

Quando jovem, seguidor dos costumes e das leis de meu povo, ansiava por formar minha própria família. Trazia uma vocação para lidar com as tarefas do campo e da oratória, sentia-me promissor, herdeiro da família de meu pai e ao ver aquele homem transformar a água em vinho, meu coração turvou-se de temor: quem seria ele? Um charlatão? Um feiticeiro?

A princípio resisti, acostumado a raciocinar, tentei trazer todos os fatos à razão, ao discernimento. Acostumado aos números, às letras e às medidas, procurava enquadrar a beleza dos acontecimentos em regras, normas e padrões; ponderar o imponderável; descrever o indescritível; tomar pelo raciocínio o que apenas poderia ser sentido.

Não há palavra que possa transmitir o que vivemos naqueles dias.

Nada consegue registrar com exatidão o que guardamos em nosso coração.

Nós vivemos em uma atmosfera única de despertares continuados e inesquecíveis.

As palavras de Jesus despertavam em nós conquistas a serem alcançadas, sentimentos inacessíveis, mas que passávamos a vislumbrar nas doces emanações que partiam de seu pensamento.

As noites traziam para nós um contentamento lúcido, qual as estrelas rutilantes no céu do deserto.

Inexplicável foi a confiança que tão logo substituiu o temor. E qual foi o fato que a despertou? Este discípulo aqui não se recorda, porque não foi o que ele fez, o que ele falou, mas o sentimento despertado em nós e a escolha que fizemos depois.

A paz, o sentimento de estar desperto, em conexão com os seres viventes e com nosso Pai fazia com que seguíssemos os seus passos na certeza de que a Verdade nos guiava e não havia nada que pudesse conspurcá-la. Fazíamos o que nos pedia e a cada dia a felicidade em nosso grupo parecia crescer. Não sentíamos fome, nem sede, nem cansaço. Parecia que o sol habitava a nossa alma e saciava nossos anseios. O temor foi substituído pela confiança, pela certeza de coabitarmos com o Filho de Deus!

E assim, fomos de dois em dois falar de Jesus, falar do

Reino de Deus; um lugar de paz, de bem-aventuranças. Esclarecíamos e curávamos com a alegria crescente de quem descobriu o amor e a concórdia.

Voltamos e continuamos juntos e, no meu coração pueril, nunca mais nos afastaríamos, já me sentia vivendo no céu, no Reino de Deus. O abandono da família, a escassez de conforto, a enfermidade não me abalavam, era forte, estava forte ao lado de Jesus e dos amigos queridos, minha nova família.

Entretanto, o sol que coabitava conosco sofreu injúrias e calúnias e então, descobri que a caminhada ao lado de Felipe, longe do Mestre era um curso preparatório para que eu exercitasse a autoconfiança, para que construísse uma fé que ultrapassa os limites de tempo e espaço, que ultrapassa a barreira da matéria física. E que o abandono da minha família seria a mola propulsora a construir em mim o perdão, caminho para a superação, força interior para a resiliência.

De fato, os dias tristes da angústia do Gólgota foram as fundações em que alicerçamos as bases para os desafios vindouros. Naquelas noites pudemos refletir, estar a sós e ebulir nossas tristezas, mágoas e nudez.

Estávamos sem o Mestre! Era o momento de gravar em nós todo o contexto aprendido entre vivências e sentimentos.

Assim o fizemos. Não anotamos nada, mas cada lembrança de um ato, de uma história, de uma advertência foi guardada em nossos corações com as cores das emoções trabalhadas, até que o Mestre ressuscita e coloca as paredes nas bases já assentadas. Os quarenta dias foram o selo para as cartas que seríamos, era o telhado da igreja que nos transformamos.

Tão logo as perseguições vieram, nos dispersamos. Permaneci na Galileia por algum tempo, pude ali estar com Maria de Magdala e com tantos outros amigos. Casei-me, tive filhos, acolhi quantos pude, minha casa era uma grande vivenda de infortunados, trôpegos, órfãos e abandonados, mas todos amados por mim e por minha família. Posso dizer que nem todos os recolhidos pelas praças, vales e caminhos conseguiram sentir o que sentimos nos atos e palavras de Jesus.

A confiança, a fé e a transformação, ao contrário do que esperei, não foi igual para todos, infelizmente! É preciso coragem para não olhar para trás, para abandonar velhos sentimentos que reverberam em nós, encarnações afora!

É preciso aceitar a condução do nosso Pai, mesmo que contrarie nossas aspirações imediatas.

É preciso deixar-se envolver pela Fonte Suprema do Amor.

Doravante contarei algumas histórias de amigos que fiz durante a eternidade do tempo, que mesmo conhecendo Jesus ou ouvindo sobre ele, aproximaram-se a princípio, mas deixaram para depois, por temor, por apego, por distração.

Ainda que os sofrimentos pareçam demasiadamente insuportáveis, eles não o são! A paz que o divino Rabi deixa em nós, seus seguidores, é bálsamo que anestesia qualquer dor e transforma o sacrifício em simples oportunidade de servir.

Entregar-se à Vontade de Deus foi deixar que a luz brilhasse um pouco mais em mim a dissipar a imensa escuridão do meu ser.

CAPÍTULO 7

Em algum lugar da Tessalônia

As flores de açucena perfumavam o local, o barulho do mar poderia ser ouvido de longe, Cassandra olhava o céu e suspirava. Fechou os olhos e o seu corpo parecia mover-se ao som de uma música calma, de serena completude. Donde vinha? Abriu os olhos e não encontrou o seu instrumento. Deitou-se no divã, em seu terraço, descansou a cabeça, fechou novamente os olhos e outra vez a música... Que sentimento era esse que a fazia transbordar em lágrimas? Uma saudade, um vazio, onde sua alma vagava? Um amor... sim, buscava um amor. Pétrus? Não! Nada que vivera até ali assemelhava-se ao sentimento que agora descortinava no seu peito em delícias incomparáveis. Seria o néctar dos deuses?

Adormeceu. E em seus sonhos, um mar revolto; suas joias e seus pertences afundando; uma luz muito forte cegando-a e uma voz, um olhar, um homem... o mais lindo que já vira! Quem era ele? Aproximava-se, estendia-lhe as mãos:

– Cassandra, o filho de Deus não deixa para a última hora, compreende os desígnios do Pai e segue o caminho da porta estreita, a porta larga é a da perdição. Escolha o caminho estreito. Não tema! O consolo te guiará às portas seguras da casa de Deus. Colhe agora o que plantou e segue em paz! A felicidade completa ainda não é deste mundo, o que pensa que tem, pertence a Deus e o que compreende como dispensável será seu alicerce no mundo afora. Aceita agora para que não lhe seja caro depois, conquistado com suor e lágrimas. Seja feliz agora!

Cassandra despertou e levantou-se de súbito. A cabeça rodopiava, obrigando-a a se apoiar em uma das pilastras de marfim. Seu pai era um grande mercador da Tessalônia, grego de ventre materno, mas cidadão romano. Mercador famoso, viajado até às Índias donde trazia tecidos, utensílios, perfumes e diversidades. Apoiou o seu pé no mármore gelado e o frio subiu por sua espinha:

– Papá, papá, onde está?

– Cassandra? O que houve? Está chorando?

– Sim, diz-me, papá, o que devo fazer?

– Está assim por causa do seu casamento? Já lhe disse, Pétrus é um bom homem! Far-lhe-á feliz! É um homem rico e poderá trazer a felicidade aos seus pés!

– Mas eu não quero estar longe de você, papá!

– Mas que bela desculpa, Cassandra!! Estou sempre a viajar!

– Irei com você!

E já mudando a feição, Giovanni segurou firme o rosto de Cassandra, olhou em seus olhos e seriamente a indagou:

– Há algo que eu deva saber?

Cassandra baixou os olhos e nada respondeu, simplesmente abraçou-o. Giovanni abraçou a filha e tocando-a no ombro direito disse-lhe:

– Está nervosa! Um pouco de ares novos lhe fará bem! É moça, muito jovem, ainda, não sabe o que será melhor para você. Eu o sei! Sou seu pai. O que é de uma mulher sem marido nesta Roma? Mas vá, chega de sentimentos frouxos! Mudemos os ares, descerá comigo para Jerusalém e verá o quanto já é feliz!

Cassandra fechou os olhos sabendo que o pai era maior que as querelas humanas e o seu esforço para suprir a ausência da mãe merecia que ela aquiescesse e seguisse os seus conselhos. Amava aquele pai e honraria sua vontade, mas desde aquela noite, sabia que a felicidade era maior e mais distante do que imaginava.

A embarcação parou em Jope, demandariam para Cesareia em Samaria[11] por causa de alguns negócios que Giovanni tinha ali e depois, seguiriam para Jerusalém. Nesta época da Páscoa, estar em Jerusalém, em torno do Templo, era uma grande oportunidade de comércio.

---

11. O autor refere-se a região de Samaria e não à cidade.

Tomaram de uma condução para que Cassandra não se afadigasse, todavia, nas cidades ela não se cansava, pois ajudava o pai nos negócios e muito lhe agradava a movimentação das pessoas e os seus costumes.

Novamente a vertigem... o frio na coluna e a música no ar...

Ouviu vozes ao longe. Burburinho de uma multidão que se aproximava. Saltou de súbito e foi ao encontro da aglomeração, até que encontrou um nazareno, seus olhos fixos nos dela fizeram-na recordar suas angústias e incertezas. Quem era ele? Era o mesmo homem de seus sonhos! Desmaiou...

Os seus cabelos desenvoltos estavam, agora, misturados às areias do caminho; suas vestes claras empoeiradas do solo e suas pulseiras esparramadas no chão. Giovanni, com as mãos na cabeça começa a gritar:

– Não toquem nela! Não toquem nela! – ele que distava de Cassandra uns passos, correu até a filha.

Seus gritos chamaram a atenção do grupo que pouco a pouco se acomodara em torno de uma macieira para traçarem o melhor caminho a Jerusalém. Eles começaram a se levantar ao perceberem que o Mestre virava-se para a nobre caída ao solo. Felipe levantou-se sem nada dizer, em uma atitude surda de quem está pronto para colaborar com a ação de Jesus, seja ela qual fosse.

Tiago, filho de Alfeu, franze a testa e cospe ao chão, por que o Mestre insistia em se relacionar com os impuros, pa-

DAS COISAS QUE OUVI E SENTI DE JESUS | 99

gãos e de má vida? Seria propriamente uma perda de tempo! Que tinham eles com aquela jovem ricamente vestida, de origem grega? Até mesmo João inquietou-se com o desvio da atenção de Jesus.

Giovanni, com Cassandra nos braços, sente a força do magnetismo de Jesus, que o força a declinar do falatório de súplicas e acusações.

Jesus ajoelha-se e toca levemente as mãos de Cassandra:
– Não acha que desiste fácil da luta? Volta para o albergue que lhe hospeda, temporariamente, e não fuja da batalha! É chegada a hora que as afeições mais caras lhe serão sequestradas a fim de que se amanse o coração e se esforce no arado firme de novas conquistas de valores e de propósitos. Levanta, Cassandra! Acorda para a vida!

Cassandra abriu os olhos e tão logo se recompôs, quis livrar-se do grupo e daquelas palavras que lhe pesavam como chumbo.

Dos apóstolos, somente Tadeu escutara as palavras de Jesus a Cassandra, os demais nem perceberam o chamado do Mestre e o acontecido passara quase que desapercebido, mas não para Giovanni. A força que sentira ali era maior que todas as alegrias e novidades que houvera conhecido por todo império e por todo o mundo conhecido. Mesmo no templo de Osíris, não sentira a presença da verdade como quando daqueles minutos preciosos, parecia que uma luz abrira-se para ele, como a caverna de Platão, convidando-o a explorar um mundo bem diverso do tocado pela sua alma até então. Embevecido pelas sentimentalidades sorvidas da presença de Jesus indagou:

– Quem é o senhor, ó homem? Donde vem?

– Sou Jesus, o filho do Deus único, que é capaz de unir o céu e a terra, que cuida de você, Giovanni, desde o ventre de sua mãe, que mede os seus passos na linha do tempo e sabe o que vai nas suas entranhas.

Giovanni permanecia imóvel, como que hipnotizado pelas palavras daquele homem que assemelhavam-se a gotas finas de chuva a refrescar o seu coração ressequido, exausto de sofrer sem respostas às suas indagações.

– Mestre...

Cassandra arregalou os olhos, como o pai chamava um galileu de mestre?! Um desconhecido que não era sacerdote nem nada! Intentou puxá-lo pela mão e sair dali, mas havia um campo magnético impenetrável em que permaneciam apenas Jesus e Giovanni:

– ... Mestre, tem razão. Desde que Nora passou para o mundo dos mortos tenho tentado alegrar nossa única filha, mas o peso da solidão consome minhas mais caras afeições e sinto-me afogar num mar de angústias sem fim. O coração opresso parece-me contrair em aperto interminável. Por que sofremos? Onde a felicidade?

– Giovanni é bom, mas ainda apega-se às convenções humanas. Deus, nosso Pai, convida-nos ao exercício do perdão das ofensas, mas também à aceitação dos seus desígnios. Deus escreve o que ainda não conseguimos traduzir no la-

DAS COISAS QUE OUVI E SENTI DE JESUS | 101

birinto das vidas sucessivas. Separar-se de quem amamos é natural e não há castigo e nem arbitrariedade nisso! Mas ressentir-se porque a melodia tocada pelo Nosso Senhor é diferente da que gostaríamos de ouvir, é prepotência e arrogância. Por que não deixar na mão do Maestro a condução das notas, com a certeza de que, ao final, a execução da sinfonia será muito melhor do que se tivéssemos planejado, mesmo que agora os acordes pareçam estranhos? Abstém-se da luxúria! Segue conosco na caravana até Jerusalém, quem sabe esta viagem não modifica o seu coração e auxilia-lhe a libertar-se do casulo da inércia e da autopiedade?

– Sim, Mestre! Seguirei contigo!

– O quê? Está louco, papá? Não poderemos seguir com estes homens imundos! Temos que seguir para Cesareia, Tibério Cesar aguarda-nos junto ao pretor Vitoriano! Além...

Mas Giovanni parecia contemplar outra esfera da qual Cassandra não penetrara. Desde aquele minuto, nunca mais fora o mesmo e não parecia importar-se com os negócios, apenas com os ensinos que dia a dia sorveria ali.

Cassandra fora obrigada a seguir com ele, não tinha opção.

Naqueles tempos a mulher não poderia viajar só, sem a presença de um homem da família, pai, irmão ou esposo. Acompanharia o pai, mas a contragosto. Seu pai parecia outro homem e não mais encontrava nele a correspondência de atitudes e sentimentos e isso lhe provocava todo o ódio e rancor contra "aqueles homens do caminho". Muito embora apreciasse os ensinamentos do Cristo, logo que ele finalizava a fala, ela voltava para o mesmo padrão de raiva e rancor aos amigos de Jesus. Gratidão era uma palavra que Cassandra não soubera conjugar. Ela contava os dias de atraso e o prejuízo nas vendas.

Terminada a festa da Páscoa, voltaram a Tessalônia, mas para seu desespero seu pai libertara alguns cativos e distribuíra parte do seu ouro e terras. Isso era desesperador! Giovanni não mais a ouvia e o seu interesse pelos ditos "do caminho" crescia, o que o fazia encontrá-los às escondidas, sempre que possível. Pensou em tomar o pai como louco, tão logo se casasse. Não porque desejasse despojá-lo, mas para a segurança e zelo dos bens da família. Além do mais, Pétrus decidira adiar o casamento por motivos de saúde em sua casa. Sentia-se aflita. Não tinha a quem recorrer, não poderia expor seu pai, sua reputação... Será que a notícia de que Giovanni estava a perder o juízo já havia chegado a Pétrus? Não, não poderia ser! O noivo permanecia com presentes e com missivas poéticas. Acreditava em sua capacidade de atraí-lo e mantê-lo sob seu domínio. Permaneceria confiante!

Jesus segue no Gólgota, apreensão em toda casa cristã.

Morre o Nazareno. Vitória da lucidez sobre a loucura, comemora Cassandra.

Mas Giovanni permanece convicto das promessas do Galileu e a notícia de sua ressurreição acende-lhe uma força ainda maior para romper com os antigos paradigmas.

Cassandra não teve outra alternativa se não antecipar a cerimônia do casamento. Escreve a Pétrus e diz-lhe que o pai adoecera e que, tão logo se casassem, ele, como seu esposo, assumiria os negócios da família.

Inicia-se uma tortuosa estrada para o espírito Cassandra. Caminho esse escolhido por ela mesma, ainda que amorosamente convidada a seguir pelo mais curto e menos doloroso. São as escolhas que fazemos oriundas do falso mecanismo de controlar o que não está em nossas mãos, de se rebelar contra os acontecimentos que determinam o nosso despertar, mas que são por vezes amargos, por frustrarem os nossos desejos imediatos, que apenas exaltam o nosso ego adoecido no transcurso dos evos.

Estar contente onde se está. Estar em consonância com as Leis de Deus é estar aberto para que o Amor do Pai nos engrandeça.

Mais uma vez o sol se põe entre as colinas, Cassandra anda de um lado a outro em busca de uma solução para a reviravolta em sua vida. Mordia os lábios grossos, numa espécie de oração ensaiada, inarticulada, na pretensão de aniquilar subitamente o feitiço que esse tal Jesus lançou em seu pai.

Visitara o Templo, mas também uma vidente, que lhe orientou colocar um concentrado de ervas no travesseiro do pai, a fim de que seu juízo voltasse, mas até agora, nada! Mesmo morto, Jesus exercia poder nas escolhas dele! Um ódio crescia dentro dela; o pai dera para receber e proteger os ditos "cristãos" e parecia também envolver o noivo, estava perdida! O noivo simpatizara com os ensinos do Nazareno, não sabia mais como agir e nem como pensar.

As circunstâncias levaram-na a ficar compassiva, pelo menos aparentemente. Pensou em procurar os amigos influentes do império, todavia não poderia expor o pai, nem sua reputação, seria o mesmo que depositar toda fortuna em lama. Certamente os oficiais do império tomariam seus pertences, colocariam seu pai na prisão e ela... o que seria dela?

Conversaria com o pai, quem sabe desta vez seria diferente?

Contemplou mais uma vez o céu estrelado: *quem sabe, mãe, de algum lugar poderia me ajudar?*

Mãos à cintura, arfou o peito em superioridade e decidida procurou Giovanni; foi até a sala ampla e encontrou-o na saleta de livros e documentos. O pai, sentado, lia alguns pergaminhos.

– O que está a ler, papá?

– São pequenas anotações que fiz da cópia dos textos de Levi...

Cassandra apertou os lábios grossos contrafeita:

– Não vê que isto levar-lhe-á à ruína? A perseguição contra os ditos "do caminho" já foi estabelecida. Quer morrer com eles?

– Por que não?

O sangue de Cassandra subiu-lhe à face:

– Que magia é esta que te enfeitiça?!!

Giovanni pousou os grandes olhos arredondados na filha e disse:

– A magia que conforta e traz felicidade ao coração, chama-se fé! Essa fé é real, minha filha! Tudo o que esse homem falou cumprir-se-á! Veja, ele vive! Ele ressuscitou! Então, o Reino de Deus nos aguarda, porque nós também sentaremos ao lado do nosso Pai, conforme nossas escolhas. Vê, olha bem o que está escrito: "O Reino dos céus assemelha-se a um banquete em que o rei celebrou as bodas de seu filho; e enviou os seus servos a chamar os convidados para as bodas, e estes não quiseram vir. Depois, enviou outros servos, dizendo: Dizei aos convidados: eis que tenho o meu jantar preparado, os meus bois e cevados já mortos, e tudo já pronto; vinde às bodas. Eles, porém, não fazendo caso, foram, um para o seu campo, outro para o seu negócio..."[12].

Cassandra sentou-se e ouviu a parábola até o final e insistiu, pegando nas mãos do velho pai:

– Não teme a morte?

– Não.

– E quanto a mim? Que será de mim?

– Apresso o seu casamento. Pétrus é um bom homem, estará segura se algo acontecer...

– Mas e o nosso tesouro?

---

12. Mateus, capítulo 22.

– "Não ajunteis tesouro na Terra[13]... porque onde estiver o vosso tesouro aí estará o vosso coração".

Copiosas lágrimas verteram dos olhos de Cassandra. A batalha estava perdida, seu pai morrera para os mortais, agora não restava o que fazer.

Os tempos passaram-se. O rio sempre segue o seu percurso, a não ser que uma barragem lhe impeça a jornada.

Cassandra casou-se com Pétrus e a harmonia na casa paterna retornava, porque o marido assumira os negócios e Cassandra alternava-se entre viagens com o esposo e o amado pai.

Quando em casa, Pétrus compartilhava da leitura dos manuscritos de Levi e quando em Jerusalém, visitava a casa de Pedro e Tiago; considerava aqueles ensinos uma maravilha e sempre se emocionava com as histórias, ainda que não as trouxesse para si, para sua vida. Eram belas e ele as apreciava como quem observa uma bela pintura e logo esquece. São os que recebem o convite, mas esquecem-se de comparecer ao banquete do grande Rei.

Pétrus evitava comentar com Cassandra, sabia que esses assuntos a chateavam.

A prodigalidade na vida de Cassandra exaltava em beleza, graça e abundância, exceto pela desventura de não engravidar após quinze anos do enlace com Pétrus.

---

13. Não ajunteis tesouros na Terra, onde a traça e a ferrugem tudo consomem, e onde os ladrões minam e roubam;
Mas ajuntai tesouros no céu, onde nem a traça nem a ferrugem consomem, e onde os ladrões não minam nem roubam. Porque onde estiver o vosso tesouro, aí estará também o vosso coração. Mateus, 6:19-21

DAS COISAS QUE OUVI E SENTI DE JESUS | 107

Giovanni não compreendia como uma moça tão jovem apresentava tais dificuldades! Pétrus atribuía aos desígnios de Deus, mas Cassandra não se importava, não queria filhos! Não queria responsabilidades maiores que a tirassem do seu deleite, de sua vida farta de satisfações, prazeres e festividades. Um filho a reteria no lar e a impediria de viajar e ser livre. Muito embora fosse mulher, pelo poderio e influência de seu pai, gozava de autonomia. Ademais, Giovanni era deveras complacente com ela, deixando-a livre para decidir sobre a maioria das questões domésticas e comerciais. Casara-se, é fato, porém quem dava as cartas era ela, o que diminuiu o brio de Pétrus, que se desinteressava cada dia mais da esposa, procurando outros afetos em que pudesse satisfazer-se. Cassandra não ligava, amava mais os negócios, o poder, a si do que qualquer outra pessoa. É certo que usava de métodos para conter a gravidez, mas isto ninguém nunca soube, a não ser a vidente que consultava e com quem se aconselhava.

Apesar da idade, Giovanni cada vez mais aprofundava-se nos estudos e na causa dos cristãos. Solicitou, por diversas vezes, a Simão Pedro que trouxesse as escrituras para a Macedônia, e a notícia de que Paulo fundara igreja em Listra muito o animou:

– Cassandra, meu coração é contente porque muito em breve poderemos expressar nossa fé! É chegada a hora de nós, cristãos, germinarmos por toda a Terra.

Cassandra suspirou. Era um dos devaneios do pai!

Coitado, já está velho! São os delírios da velhice! E fingiu prestar atenção.

– Minha filha, este Paulo, já ouvi dizer que está acolhendo nós, os pagãos, em nome do Cristo! Glória ao Senhor! Eu tenho fé, eu acredito nele! Acredito que Jesus apareceu, sim, para ele às portas de Damasco, Natanael me contou na última viagem que fiz à Galileia.

– Papai, isto faz tanto tempo!

– Sim, sim, é verdade! Mas Jesus acolhe os pecadores e vai me acolher, minha filha! Se apareceu a Saulo, um perseguidor, irá me salvar também!

E colocando as mãos em cima das mãos do pai, Cassandra respondeu:

– Sim, papai, Jesus lhe buscará na sua morte – e falava revirando os olhos, mal disfarçando o desdém.

O velhinho aproximou-se do ouvido da filha e sussurrou:

– Tem mais... esse Paulo virá por aqui e eu estarei lá auxiliando na fundação da primeira igreja de Tessalônia.

– Só se for por cima do meu cadáver!

Giovanni fechou os olhos e sorriu. Se Cassandra era indolente, tinha a quem puxar. Imagina se ele não iria? Ninguém o impediria!

Como é conhecido da história, Paulo pregou e causou indignação aos judeus; foi martirizado e preso, mas como cidadão romano foi liberado e continuou viagem. O que não está registrado é que ele não foi preso somente com Timóteo, dentre os que foram enclausurados pelos representantes do Império, estava Giovanni, confundido com um baderneiro qualquer. Naquela noite, Giovanni vestira-se com trajes simples e foi acompanhado de seus dois fiéis serviçais.

Cassandra só dera falta do pai no dia seguinte:

– Guardas, o senhor Giovanni não se encontra na residência. Temo que algo de mal tenha acontecido a ele. Portanto, em busca imediatamente! Seguirei com vocês, pois meu pai é importante demais para que eu fique aqui!

– Senhora, não deve avisar o senhor Pétrus? – perguntou o eunuco governante do palácio.

– Sim, meu caro Enoc, já enviei um mensageiro. Cuide de tudo, só voltarei com meu pai!

Cassandra encontrou o pai na prisão da cidade, depois de dois dias de busca, vivo, mas machucado e febril. O seu coração sangrou em ódio e prometeu vingança a todos os que participaram de tamanho equívoco! O seu pai era um homem honrado, cidadão romano e amigo do imperador, que não tardaria em retalhar todos os infames responsáveis!

Giovanni foi levado para casa, cuidado por todos e em especial por Cassandra que chamou o médico, porém o velhinho não resistiu e faleceu.

A partir daquele dia, a sorte da bela moça de olhos azuis pareceu expirar.

Com a morte do pai, Pétrus assume, de fato, todos os negócios e transforma-se em um grande tirano, desconsiderando totalmente a esposa. Cassandra não podia mais decidir e muito pouco opinar, oficialmente as propriedades estavam no nome do marido.

Quanto mais ela perdia, mais acusava a Paulo e aos ditos "cristãos". Se não fosse aquele homem, o pai estaria vivo e logo passaria algumas propriedades para o nome dela, seria uma questão de tempo. Mas agora, o que fazer?

Deitou-se no divã e por alguns minutos seu corpo cedeu e sua alma parecia flutuar num jardim florido com o seu pai a lhe rodar nos braços, sua mãe na costura e todas as alegrias só para ela. Sorriu.

E novamente o perfume... um perfume inesquecível! Cassandra em espírito deita-se em choro ao pressentir a aproximação de alguém... Novamente aquele homem... O choro aperta-se em lágrimas quentes:

– Cassandra, por que chora enquanto a felicidade estabeleceu-se para o seu pai? Chora por você, quando haverá de perceber? Por que aponta, exige, se nada de seu doa? Quando abrirá as portas do seu coração para o que é verdadeiro? Está a um passo do abismo e insiste em não tomar o caminho de volta? Segura na mão do seu esposo e constrói um lar para os filhos que não soube ter. Ainda resta uma esperança...

Cassandra abriu os olhos e rapidamente se levantou. Encomendou um banho frio aos serviçais, precisava novamente pensar com astúcia e dissipar as sentimentalidades vulgares, características dos fracos. E ali mesmo, na sala de banho, no perfume das gardênias, arquitetou seu plano infalível que colocaria fim aos seus tormentos. Bem, pelo menos era o que pensava.

Contrataria um dos seus homens mais fiéis para seguir com Pétrus, em sua próxima viagem à Palestina. Ali, afrouxaria os parafusos da carroça, encomendaria um suposto assalto que daria fim à vida de Pétrus. O corpo largado no deserto seria irreconhecível após o acidente com a carroça. Pétrus não tinha parente vivo para reclamar-lhe o corpo e ela como viúva assumiria novamente todos os negócios e viveria conforme sua vontade, na mais perfeita liberdade e prazer. Planejou com astúcia, aguardou o melhor momento para agir, sem pressa. Passou a tratar o marido com carinho e, intimamente, sorria e festejava a própria inteligência.

O fato foi consumado.

Cassandra viveu conforme quis, mas Deus age em caminhos que os dedos humanos não conseguem dedilhar. Pétrus não morrera como os assaltantes contratados supuseram, ele foi salvo e acolhido por um cristão que passava pelo caminho e não mediu despesas, tempo e nem carinho para auxiliá-lo; viu nele um irmão, um filho e no seu entender, não fez mais que sua obrigação, porque ele mesmo havia recebido muito mais do Mestre amigo.

Os corações que abrem uma fresta para a luz, recebem muito mais do que os olhos podem suportar. Mas é assim que a Misericórdia Divina age, na dose exata que o filho consegue suportar. Uns hoje, outros amanhã, outros ainda depois de amanhã. Afinal, o que é o tempo se não uma dobra no infinito?

CAPÍTULO 8

As promessas do Senhor

MÊS DE NISSAN. Mês em que as águas do rio Jordão tornam-se caudalosas; as aves vão aos ninhos e uma atmosfera de contentamento envolve Josaphá Yeshua, levita do Templo de Salomão, destruído e reerguido. Ah, o Templo! Local em que Yeshua parecia receber *Ruah*, o "sopro de Deus", a penetrar em suas narinas, como uma tocha que nunca se apaga a reacender-lhe o ânimo e a vontade de viver.

Acordara cedo, colocara os cordões de couro – *Tefilin* – no braço esquerdo e na testa, recitou o Shemá Israel:

Ouve, Israel, o Senhor nosso Deus é o único Senhor.

Amarás, pois, o Senhor teu Deus de todo o teu coração, e de toda a tua alma, e de todas as tuas forças.

E estas palavras, que hoje te ordeno, estarão no teu coração.

E as ensinarás a teus filhos e delas falarás assentado em tua casa, e andando pelo caminho, e deitando-te e levantando-te.

Também as atarás por sinal na tua mão, e te serão por frontais entre os teus olhos.

E as escreverás nos umbrais de tua casa, e nas tuas portas.

Deuteronômio 6:4-9

E será que, se diligentemente obedecerdes a meus mandamentos que hoje vos ordeno, de amar ao Senhor vosso Deus, e de O servir de todo o vosso coração e de toda a vossa alma.

Então darei a chuva da vossa terra a seu tempo, a temporã e a serôdia, para que recolhais o vosso grão, e o vosso mosto e o vosso azeite.

E darei erva no teu campo aos teus animais, e comerás, e fartar-te-ás.

Guardai-vos, que o vosso coração não se engane, e vos desvieis, e sirvais a outros deuses, e vos inclineis perante eles.

E a ira do Senhor se acenda contra vós, e feche Ele os céus, e não haja água, e a terra não dê o seu fruto, e cedo pereçais da boa terra que o Senhor vos dá.

Ponde, pois, estas minhas palavras no vosso coração e na vossa alma, e atai-as por sinal na vossa mão, para que estejam por frontais entre os vossos olhos.

E ensinai-as a vossos filhos, falando delas assentado em tua casa, e andando pelo caminho, e deitando-te, e levantando-te.

E escreve-as nos umbrais de tua casa, e nas tuas portas.

Para que se multipliquem os vossos dias e os dias de vossos filhos na terra que o Senhor jurou a vossos pais dar-lhes, como os dias dos céus sobre a terra.

Deuteronômio 11:13-21

E falou o Senhor a Moisés, dizendo:

Fala aos filhos de Israel, e dize-lhes: Que nas bordas das suas vestes façam franjas pelas suas gerações; e nas franjas das bordas ponham um cordão de azul.

E as franjas vos serão para que, vendo-as, vos lembreis de todos os mandamentos do Senhor, e os cumprais; e não seguireis o vosso coração, nem após os vossos olhos, pelos quais andais vos prostituindo.

Para que vos lembreis de todos os meus mandamentos, e os cumprais, e santos sejais a vosso Deus.

Eu sou o Senhor vosso Deus, que vos tirei da terra do Egito, para ser vosso Deus. Eu sou o Senhor vosso Deus.

Números 15:37-41

Terminado o *Shemá* fez, então, mais uma vez, a lavagem das mãos, dos braços, de forma ritmada; deixou que a água escorresse aos cotovelos. Lavou o rosto, a barba; derramou algumas gotas de unguento nas mãos e esparramou nos cabelos encaracolados que desciam próximo aos ombros sem tocá-los. Colocou o Talit. Beijou a esposa antes que o primeiro raio de sol subisse no firmamento:

– Mirthes, parto hoje e torno em uma semana.

– Com a graça de Deus, Josaphá! Que dias ridentes são estes em que o homem pode servir ao seu Senhor!

– Sim, caríssima esposa, metade do meu corpo, altar de minha atenção! Servirei as oferendas do pão no Templo do Nosso Deus.

– Não se esqueça do que preparei para você na bolsa. Alguns pombos para o sacrifício, peço que leve-os.

– Sim, mulher, entregarei para o responsável por este serviço na escala do mês, mais uma vez o Deus de Israel haverá de nos abençoar!

– Amém!

– Entrega isto às crianças.

– O que é?

– Alguns brinquedos que talhei na madeira.

– Que bom homem Deus colocou em meu caminho! Que bom pai você é!

– Você é minha gazela, a mais produtiva, a mais formosa! O meu coração é seu!

– Que Deus abençoe nosso lar! Vai-se em paz!

– *Shalom*!

Josaphá caminhou até o Templo, orando e cantando os Salmos. De suas vestes partia um perfume de mirra; suas sandálias eram limpas e novas; sentia-se um filho abençoado de Deus! E com orgulho pensava em como tinha sido agraciado por pertencer à linhagem de Levi e poder cuidar das coisas de Deus! O resto, não lhe dizia respeito!

DAS COISAS QUE OUVI E SENTI DE JESUS | 119

Jovem rabino do templo de Salomão na antiga Judeia da Palestina de Herodes e Caifás, Josaphá amava cuidar das coisas de Deus, de estudar sua palavra, sentia-se o defensor daquelas Leis e de fato o era. Trazia beleza na aparência, a articulação compassada das letras, voz firme, repleta de maturidade consolidada através de exaustivos estudos das leis de Moisés. Participava das decisões e julgamentos; sabia as regras e as seguia com precisão, de forma tão compenetrada que não percebia o sofrimento dos irmãos à sua volta. Entendia o sofrimento como castigo a alguma transgressão à Lei Mosaica, *que fizessem os sacrifícios e orassem a Deus para que perdoasse seus pecados!* Se fossem justos como ele, não enfermariam.

Esta era uma visão simplista de quem separa o mundo entre o bem e o mal; entre os escolhidos e não escolhidos; entre os felizes e os sofredores. Ele fazia parte do primeiro grupo, isso lhe bastava para que continuasse a estudar cada vez mais. *Se todos cumprissem as normas, não sofreriam.* Naquele tempo Josaphá era feliz demais para se ocupar com qualquer um que sofresse.

Era apaixonado pelas letras e quando tomava do pátio, sua fala era condenatória e agressiva. Entretanto, trazia no coração a vontade sincera de compartilhar das belezas da palavra de Deus, queria ser digno e justo para merecer "a morada nos céus". Como tantos compatriotas de sua terra, aguardava as promessas de Canaã na boa nova do Messias, que chegaria para trazer a libertação definitiva do seu povo sofrido e humilhado por tantos e tantos povos indignos.

Naquela tarde, especialmente, meditara nas promessas do Senhor, na Aliança definitiva e em como sua alma almejava o encontro com o Filho Primogênito, o Messias! Quantas e quantas gerações esperaram com cânticos a chegada dele? Seria mesmo que ele já estava entre eles? Enquanto comia os pães ázimos, pedia a Deus que lhe mostrasse a verdade.

As promessas de Deus são certezas de que não podemos duvidar.

Até mesmo no grande Templo, os comentários acerca de Jesus provocavam expectativas de doces júbilos. Discretamente e de forma disfarçada, os sacerdotes rejubilavam-se com a possibilidade do Filho de Deus ser um impostor ou não. O falatório, ainda que mal dissimulado, chegou ao Sumo Sacerdote que reuniu os doze anciãos mais próximos e deliberou uma comitiva de investigação. Alguns sacerdotes, os de mais elevada estirpe – caracterizada pela obediência e assertividade, pela conduta moral e prática dos costumes – foram escolhidos para acompanharem, de mais perto, os feitos e ditos do "tal messias". Rabino Eliphás Hamud foi o porta voz e leu os nomes:

– ... Yeshua Josaphá...

Josaphá fechou os olhos, colocou a mão no peito e ajoelhou-se dobrando o tronco à frente dos joelhos. Caifás sorriu e intimamente pensou o quão obediente era aquele "servo do Templo" e como os seus planos estavam alinhados com a vitória. Entretanto, Josaphá agradecia a Deus a chance de ver com os próprios olhos a Verdade.

– É preciso que abandonem suas famílias para que vi-

DAS COISAS QUE OUVI E SENTI DE JESUS | 121

vam como eles. E não voltem até que consigam provas de que esse profeta fala por si e não por Deus!

A face de Josaphá tornou-se gélida: *e se esse Jesus for mesmo o Messias, que provas trarei?*

– ...são conhecedores dos mandamentos, das 613 leis de Moisés, são juízes da casa de Israel, são filhos do Templo, guardiões das Tábuas, sabem avaliar e sabem trazer as provas que poderão incriminá-lo. A Lei é clara, aquele juiz que ante um infrator não o condena, deverá pagar com a própria vida! Que o Deus único que guiou *Moshé* no deserto lhes guie neste instante! Cada um dos designados à tarefa, recebem uma boa quantia em moedas, alguns suprimentos e garantia de sustento à família. Sustento esse, garantido por um ano e, a depender dos relatórios, por mais outro ano.

Josaphá despediu-se de Mirthes expondo-lhe claramente sua tarefa. Muito embora sofresse, Mirthes sorriu, mal disfarçando a saudade antecipada:

– Aprendi com minha mãe, muito antes que as palavras saíssem de minha boca, que um filho de Israel deve amar e servir ao Deus único acima de todas as coisas; acima do seu próprio querer. Então, que a vontade do Senhor seja cumprida! – e virou-se em pranto sofrido e abafado.

Foi preparar um cesto com alguma providência para que o marido levasse na viagem:

– Meu coração está contigo. Que o Senhor deite os olhos em seu caminhar e lhe traga são e salvo para os meus braços!

– É o que mais quero, querida, voltar para você e para a felicidade do nosso lar. Nada faltar-lhe-á.

O sol parecia despedir-se da Judeia e guiar o levita Josaphá para as promessas tão almejadas do seu coração.

A primeira vez que viu Jesus foi próximo à estrada de Jericó, e aquele sorriso jamais pôde esquecer:

– Eis que espero por você, Yeshua Josaphá... Veja, as promessas do Senhor são dádivas palpáveis a todo filho que já sabe amar.

– Então é verdade! Pode curar!!

– O que é a verdade, jovem fariseu? O que pode constatar com os olhos ou aquilo que pode alcançar com o sentimento? Em verdade lhes digo, há muito mais que pode fazer. O que eu faço, um dia poderá fazer!

– Diz-me, bom mestre, o que é a verdade?

– Por que me chama bom? Bom, é só Deus. Mas nós, filhos do seu amor, poderemos levar um pouco da sua luz aos cegos de toda a parte, acendendo em cada criatura a vontade de ser bom como parte integrante das promessas de um Deus que é Pai e espera por nós!

As promessas de Deus são águas de rocha que não tardam; são sólidas realizações destacadas pelos grandes profetas!

O desejo ardente de sua alma, mas igualmente puro, tocou os "anjos" que de forma silenciosa o guiou até as margens do Tiberíades, ali ouviu a mais bela canção que se poderia ouvir, qual canto de rouxinóis a embalar a todos os corações que do meigo Rabi se aproximavam. A suavidade de seu cântico invadia de mansinho as criaturas que se sentiam absolutamente paralisadas, mergulhadas naquele magnetismo de amor. O mundo parava alguns minutos sob as exortações do Messias. As variantes do tempo e espaço dilatavam e desapareciam das equações da vida e todos esqueciam suas misérias, dores, dúvidas e disputas. Era como se todas aquelas paragens fossem transportadas para uma brecha da unidade tempo para que o coração do povo encontrasse aquele manancial de ternura e bondade.

O sorriso do Mestre galileu sustentava seus discípulos nas pequenas tarefas, mas imantava também os sequiosos de fé e esperança, os pobres de afeto, de justiça, os fortes, os doentes e sãos. Não havia quem não se encantasse com o Divino galileu.

A cada feito, cada ensino de Jesus, Josaphá compreendia que aquele homem era o Filho de Deus. E foi sob a ameaça de perder a própria vida que passou a anotar as contravenções do Mestre amado. Entretanto, fez questão de anotar os sinais também, os milagres que Jesus realizava. Eram tantos! Tão mais extensos! Josaphá trazia a esperança de que se reunisse vários deles, estes poderiam ser usados a favor de Jesus no seu julgamento. As leis de Moisés eram claras, mas, naquele momento não conseguia ter tanta certeza no julgar...

Jesus parecia mudar o seu ângulo de visão e o levita do Templo não interpretava mais as Leis da mesma maneira.

Aliás, o significado delas passou a flutuar em sua mente. Estava só, entre os conceitos tão bem estruturados em alicerces sólidos e a atmosfera desconhecida, mas absolutamente interessante, que trazia contentamento ao seu coração. Precisava decidir-se e agir.

Passara-se um ano e o reencontro com os outros doze, com Caifás no Templo se aproximava. Novamente a Páscoa, os sacrifícios no Templo para que o Senhor nos perdoasse, purificasse nossas almas dos erros cometidos no ano que se passara. Josaphá recolhera provas suficientes das infrações do Galileu às Leis de Moisés, e se as levasse, na certa, prenderiam Jesus.

Uma angústia crescia em seu peito, qual ruflar das asas de um pássaro preso nas águas lodacentas tentando escapar. *Oh, Senhor de Israel, derrame sobre o seu servo a luz da verdade!*

Mal concluía suas orações, Josaphá foi despertado por uma doce voz atrás de si:

– Eu sou o caminho, a verdade e a vida! Eu sou a porta que leva até o Pai. Quem não vier por mim se perderá nas sombras do próprio eu, por muitos anos até que a luz da compreensão através da dor o guie novamente para a vida de abundância, que o meu Pai oferece a todos desde os primórdios da criação. Entenda, Josaphá, meu Pai não pode ser contido em pedras e letras, Ele é vida, sentimento e esclarecimento!

Sem poder olhar para Jesus, Josaphá ajoelha-se com as mãos no rosto a proteger os olhos da luz ofuscante e a ocultar as lágrimas da indecisão, da ruptura entre os sentimentos e a razão.

DAS COISAS QUE OUVI E SENTI DE JESUS | 125

Jesus coloca as mãos em seus ombros e o levanta abraçando-o:

– Tem o que tanto buscava: a verdade. E a verdade não poderá ser ocultada, veio para todos!

– Mas se eu disser tudo o que vi...

– Não tema, Josaphá, deve encontrar em você a ressonância do belo e do bem sem ocupar-se com as opiniões! O nosso maior dever é cumprir a vontade de Deus, custe o que custar! Não se engane, todos trazem a luz e o selo de Deus em si, desde os profetas até os ímpios, todos têm a marca do Criador e o direito de avançar na senda do bem.

Josaphá irrita-se com essa fala de Jesus. Ele estava disposto a ser complacente e auxiliá-lo em sua defesa, mas dizer que todos são iguais? É como dizer que os ímpios poderiam ser salvos!! Assim não teria defesa para ele! Despediu-se de todos. Deveria seguir para sua casa, havia prometido a Mirthes, mas prometera aos demais discípulos que voltaria! Na verdade, necessitava apresentar-se ao Sumo Sacerdote e, também, ser avaliado.

Aproximava-se do lar. De longe ouviu a algazarra das crianças e Mirthes sentada à porta de casa, seu coração saltou de alegria! Como pôde suportar a ausência dos seus? Faria qualquer coisa para estar com eles e não se perdoaria se algo acontecesse a eles. Abraçaram-se, cearam, conversaram sobre as novidades da casa paterna e das aventuras do pai junto ao jovem galileu.

Apresentaria as provas? Apresentaria apenas os sinais?

Ouviria a esposa, que lhe aconselharia, por certo, para o bem da família... Respirou. Fechou os olhos e as mais belas cenas passaram à sua frente, pessoas sendo curadas, viúvas sendo consoladas, os sentimentos de paz que conduziram os seus últimos meses... Estava certo, falaria apenas dos sinais, apenas do que sentiu ali.

– Recolheu as provas necessárias?

– Mirthes, o jovem Nazareno é o enviado de Deus!

– Aleluia! Libertará, enfim, nosso povo do cativeiro desta Roma pervertida!

– Escuta, mulher, é um Messias da paz...

– Da paz?

– Sim, do bem para todos.

– Acredita que Caifás tolerará esta? Acorda, Josaphá! Não deite os olhos nos cobertores macios da ilusão! Que fez este homem que lhe enfeitiçou? Nestas regiões não se fala em outra coisa que não do "Galileu que afronta o poder de Deus perdoando os pecados", profanando velhos hábitos! Pensa mesmo que ele é o Messias? E se for um falso profeta?

– É que não viu o que vi...

– Você é um servo de Deus, provedor do nosso lar, saberá o que é melhor para você e sua família. Escuta, Josaphá, o que será de mim se lhe punirem com a morte? Não tenho mais família viva, o que será de mim?

Josaphá abraçou Mirthes e nada mais falou.

Dirigiu-se ao Templo e não falaria muito, diria que pouco pôde comprovar, mas levaria os sinais do profeta Malaquias, os prodígios de Jesus em sua defesa.

Contudo, eram várias as evidências dos atos de Jesus contrariando as Leis de Moisés: curar no sábado, a dispensação da ablação, o perdão dos pecados... Todos muito bem relatados por seus pares.

– Qual o seu parecer Josaphá?

– No tempo em que estive com o Nazareno, pude observar os fatos relatados, mas também muitos prodígios, que me parecem ser os sinais avisados pelos profetas. Malaquias diz que profanamos o altar de Deus com o pão imundo[14], nós os judeus, o povo eleito, enquanto todo o mundo glorifica ao Senhor, vede: *mas desde o nascente do sol até ao poente é grande entre os gentios o meu nome; e em todo o lugar se oferecerá ao meu nome incenso, e uma oferta pura; porque o meu nome é grande entre os gentios, diz o Senhor dos Exércitos* (Malaquias 1:11). Jesus é o pão da oferta, é o mensageiro que leva a palavra de Deus a todos, e que nós não queremos aceitar, porque olhamos para a verdade e a desprezamos. Após multiplicar os pães, como Eliseu um dia fez, Jesus afirmou que é o pão da vida! O pão de Deus que desce do céu e dá vida ao mundo[15].

Josaphá respirou, como que a se preparar para evidências mais profundas dos sinais de que Jesus era o Messias.

---

14. Ofereceis sobre o meu altar pão imundo, e dizeis: Em que te havemos profanado? Nisto que dizeis: A mesa do Senhor é desprezível. Malaquias 1:7

15. João 6:33

128 | Ana Paula Vecchi • Pelo espírito Natanael

– O profeta diz no capítulo 3 que Deus enviará o seu mensageiro, *mas quem suportará o dia da sua vinda? E quem subsistirá, quando ele aparecer? Porque ele será como o fogo do ourives e como o sabão dos lavandeiros*[16]. Jesus é o fogo, o Espírito de Deus que lavará os nossos pecados, purificará o nosso espírito em transformações profundas que nos refinará de prata a ouro...

Irritado nas bases do seu ser, Caifás levanta-se, coloca o pergaminho na mesa, arqueia a sobrancelha, num falso movimento de controle emocional, interrompe Josaphá e encerra o assunto:

– Vejo que sua ida aos povos do Norte não lhe fez bem ao juízo. Falhas na capacidade de julgar! – respira, balança ligeiramente a cabeça e continua. – Por ter parcialmente falhado em sua tarefa, Josaphá, receberá 21 chibatadas e a suspensão de trabalhar no Templo por reclusão em cárcere até que reúna provas suficientemente incriminatórias desse falso profeta, usurpador da ordem.

Aquelas palavras pesaram nos ombros de Josaphá, turvando-lhe a visão, obscurecendo-lhe a consciência, trazendo-o para as amarras das coisas mundanas:

– Perdão, meu senhor! Trago-as aqui! Aguardava, apenas, a necessidade de mostrá-las!...

Josaphá mal iniciou sua defesa e recordou-se da pergunta de Jesus: *por que me chamas bom? Bom é só Deus!* Sentiu

---

16. Malaquias 3:2

um castelo erguido na fé desmoronar! Era mau, igualmente mau como os romanos! Fora fraco. Ante a possibilidade de sofrer, optou por fazer sofrer. Era como todos os outros que estavam naquele salão, trazia a vontade de ser bom, mas ainda trazia o egoísmo, a intolerância... A luta entre o bem e o mal estava dentro dele. De fato, reconhecia-se ainda portador de iniquidades. Perdia naquele instante o título de bom que havia colocado em si há tempos atrás. Também ele era a expressão da humanidade perdida em erros, em busca da verdade que ainda não podia suportar. Jesus sabia disso e ainda assim o acolhera.

Entregou as anotações das infrações de Jesus ao Sinédrio. Cumpriu uma semana de reclusão. Recebeu as vinte e uma chibatadas e o seu coração caminhou na escuridão do vazio de não mais seguir *o caminho, a verdade e a vida* naquela encarnação. Salvou a si, aos filhos e à esposa, mas perdeu o rastro luminoso chamado Cristo de Deus.

Procurado algumas vezes pelos cristãos, negava repetidamente que conhecera tão intimamente a Jesus, dizia apenas: *ah o pobre Galileu!* Mas no silêncio dos seus pensamentos reconhecia que deixava para depois a grande oportunidade de ser bom, de servir ao bem desde aquela hora primeira. Lembrou-se do ensinamento de Jesus logo após a multiplicação dos pães:

> *E dizia a todos: Se alguém quer vir após mim, negue-se a si mesmo, e tome cada dia a sua cruz, e siga-me.*

Porque, qualquer que quiser salvar a sua vida, perdê-la--á; mas qualquer que, por amor de mim, perder a sua vida, a salvará.

Lucas 9:22-24

CAPÍTULO 9

A Cesar!

O CÉU AZUL claro e a brisa fresca do fim de tarde convidavam Cláudia e Venantium para um passeio nos jardins externos da ampla residência do *pretor* de Cesareia de Felipe. As gardênias entrecortadas por pequenos arbustos de jasmins tornavam a tarde perfumada e agradável.

O casal aproximou-se de pequena fonte no centro do jardim, onde águas desciam sobre "o cupido", o deus-menino, mensageiro do amor. Venantium colhe um jasmim branco e coloca no cabelo da esposa, como era bela! Olhos da cor do céu, grandes, pareciam reter a juventude sábia, da astúcia de quem conhece os livros e os interpreta. Lembrou-se da primeira vez que a vira, menina ainda, quase com quinze primaveras, mas com uma força no falar que o seduzira. Meses depois, casaram-se. Ela, nobre romana, ele, um homem maduro com trinta e três anos, condecorado, recém-nomeado "prefeito romano" de Cesareia de Felipe, que apesar de ser na Galileia, na Palestina, era tão romana quanto a própria Roma.

Respirou fundo, Venantium orgulhava-se da cidade que administrava, era próspera, bem cuidada, digna de qualquer nobre romano. Conseguira instalar os jogos de bigas, as corridas de cavalo, as competições e a biblioteca com tantos livros quantos fossem desejados. Ele adorava Aristóteles, *A política*, Arquimedes, igualmente Cláudia adorava-os e os devorava. Muito embora a esposa preferisse a filosofia, divertia-se discutindo com ela vários assuntos. Gostava disso! Gostava de exibir a jovem esposa, bela e inteligente. Enquanto colocava a flor em seus cabelos concluiu: era um homem de sorte! Por certo os deuses o haviam abençoado! Tinha poder e glória, o que mais um romano poderia querer? E sorriu.

– Por que sorri? Algo de novo?

– O de costume – responde o esposo enigmático.

Continuaram a caminhar. Venantium fazia questão de passear com a esposa sem interrupções, nenhum dos quatro filhos poderia interromper o casal: Marco de treze anos, Raphael de 10 anos, Manoela, quatro anos e Arthur de dois anos – mesmo o pequeno deveria ficar com as servas. O esposo necessitava de espaço, pois a administração e a guarda da cidade, além dos encontros com o governador tomavam-lhe muito tempo. E quando podia, gostava de usufruir dos pequenos prazeres com a esposa.

Cláudia deveria estar sempre à disposição do marido,

DAS COISAS QUE OUVI E SENTI DE JESUS | 135

mas não se incomodava, fora criada assim; gostava dos passeios, gostava da conversa, sentia-se segura! Sentia-se igualmente abençoada, mãe de quatro filhos, um esposo poderoso que permitia a ela ler e estudar o que quisesse. Olhou a sua volta. Sua casa era um palácio, o esposo não economizara em nada! Todos os seus caprichos foram atendidos! O mármore branco no chão, as colunas em mármore vermelho com detalhes talhados em Corinto, jardins ornamentais, piscinas de banho com sistema de calefação desenvolvido pelos melhores engenheiros e um tutor para cada filho... Suspirou. Era também feliz no gozo de suas satisfações imediatas.

Naquela tarde, pouco falaram. O casal parecia entrar em uma atmosfera diferente, quase meditativa, em que os sentimentos são chamados à superfície em competição com a razão.

O silêncio foi interrompido pelo vozerio de um pequeno grupo que se aproximava e passava à frente da casa do *pretor* de Cesareia de Felipe. O casal atentamente observou e acompanhou os transeuntes, que pelos trajes, pareciam ser galileus vestidos à moda nazarena. Era um grupo pequeno no centro, com alguns outros "maltrapilhos" na periferia. Um deles, mesmo de longe, vira a cabeça ao cruzar com o olhar de Cláudia e ela imediatamente identifica que não são simples galileus, mas seguidores do "tal profeta" que tanto se falava naquelas regiões! Aquele homem singular deveria ser o próprio profeta!

– Venantium, o que acha deste homem? Este Jesus?

– Como tantos outros baderneiros.

– Não acha que ele pode ser mesmo quem diz?

Venantium solta uma gargalhada:

– Cláudia, está louca?

– É que senti algo diferente... gostaria de vê-lo de perto, escutar melhor o que ele tem a dizer...

– Cala-se! Já basta! Onde está a sua ciência? Somos cidadãos romanos, cultos, não poderemos nos deixar levar pelos simples, por ignorantes...

Cláudia caiu em si e respondeu aconchegando-se melhor ao braço do esposo:

– Tem razão! Tem razão como sempre! Temos a ciência, temos Júpiter, somos superiores às crendices desses judeus!

O grupo subiu a colina e Cláudia os acompanhou com o olhar por um tempo. Mas, daquele dia em diante, algo parecia desajustar-se dentro dela, um desassossego frequente e uma fixação teimosa e incontrolável nos olhos daquele galileu.

Deitaram-se, não conseguira dormir, algo a convidava a meditar. Olhou para o esposo, dormia profundamente. Acendeu um candelabro, chamou Eliaquim, seu eunuco guardião e foi até a biblioteca amada. Procurou pelo "Livro dos judeus":

– Segure, Eliaquim, é este o "Livro dos judeus", maravilha! Mas... está em hebraico! Compreendo e falo o aramaico, mas estas letras mortas... preciso de você!

Eliaquim era filho de pai e mãe judeus que se perderam

em dívidas e foram executados sob acusações vis e, como seus irmãos, passou a servir a senhores romanos. Eliaquim tivera sorte, assim ele sentia, pois era protegido de sua senhora, que o tratava como um irmão mais novo. Passaram a noite lendo alguns trechos salpicados por ordem de Cláudia e contra a vontade de Eliaquim, que tentava explicar à sua senhora que o estudo dos livros sagrados não poderia ser feito daquela forma!

Os olhos do eunuco perpassavam rapidamente os rolos de pergaminho até que encontrou os de Isaías:

– Senhora, estes estão em aramaico.

Os olhos de Cláudia brilharam:

– Dá-me! Vamos, depressa! Temos algumas horas antes do amanhecer para lê-lo!

– Senhora, não basta ler um...

– Eliaquim, deixa de bobagens! Senta-se aqui!

E leram todo o livro de Isaías.

– Eu não entendo...

– Eu disse à senhora!

– Acalma-se, Eliaquim! – e caminhando de um lado para o outro na ampla biblioteca, continuou – Então esse tal de Jesus proclama-se o "salvador dos judeus", o messias... Eu não entendo! Por que o seu povo, Eliaquim, não o coroou rei no lugar de Herodes? Se ele salva os judeus... ele é contra Roma?

Eliaquim abaixou a cabeça e antes que tentasse falar, Cláudia continuava fazendo suas deduções e associações fortuitas até que concluiu:

– Pronto! Decidido, irei até ele!

– Senhora, está insana? O senhor manda-lhe prender!

– Mas, sim! – e fez um ar de desdém – Eliaquim, para um servo está muito falante! Venantium não saberá! Preciso conhecer esse homem e você me ajudará!

– Senhora...

– Eliaquim, e se ele for mesmo quem falam, o Salvador... você ficará para trás?

Eliaquim balançou a cabeça e resmungou algo em sua língua materna, Cláudia continuou:

– Aguardamos Venantium seguir para Cesareia Marítima e você me leva até o seu Jesus, o Messias! Quero ver com os meus olhos quem é esse homem que tanto falam!

– Está bem, senhora!

– Sabe que tenho estima por você, Eliaquim! Vi-lhe crescer... – e segurou em suas mãos.

– Sim, senhora, e eu pela senhora daria minha própria vida!

Cláudia passou a mão na cabeça raspada do servo e seguiram para suas atividades habituais.

Venantium despediu-se da esposa e entrou numa espécie de carruagem recomendando vigilância à guarda que deixava em casa. Os filhos, não os viu, enfadava-se deles. Bastava a esposa!

Tão logo Venantium parte, Cláudia envia Eliaquim para descobrir o local onde Jesus de Nazaré estava. Ao findar do dia, o eunuco retorna com as informações:

Das coisas que ouvi e senti de Jesus | 139

– São andarilhos e sem local fixo. Passam a maior parte em Cafarnaum...

– Sim, isto já sei! É o que comentam...

– Sim. Porém, não se sabe o motivo, encontram-se por aqui, próximos à nascente do rio Jordão.

Cláudia sorriu:

– Sei onde é, vamos até lá. Amanhã organizaremos as tarefas domésticas na execução dos serviçais e debandaremos para aquelas regiões discretamente disfarçados. Deverá dispensar o restante da guarda... Eu direi que devo visitar uma cartomante e não gostaria de causar surpresas...

A expectativa de descobrir e avaliar o homem mais misterioso da época tornou a noite longa e difícil. Aos primeiros raios de sol, partiram.

Depois de uma longa caminhada chegam ao local em que o grupo se reunia. Cláudia desce do cavalo e admira-se ao ver Jesus curando alguns poucos leprosos que ali estavam. Olhou-os de certa distância e permanecera estática. A água jogada delicadamente por Jesus nas feridas do jovem rapaz reluzia nos olhos de Cláudia; viu algumas mães chorando de alegria... Aquele homem fazia milagres, estava vendo com os próprios olhos! Caiu sobre os joelhos, nunca vira algo tão espetacular! Chorou. Não sabia por que chorava, mas algo estava acontecendo com ela... novamente a sensação de um sentimento de plenitude em desalinho com o pensamento articulado, desistiu de entender. Fechou os olhos e respirou profundamente como a sugar para suas entranhas as notas mais profundas daquelas sentimentalidades sublimes. Ficou assim, por um tempo em que só a alma imortal poderá avaliar.

E o silêncio pareceu emudecer a tudo e a todos.

Cláudia não conseguia mais pensar por si, seu corpo pareceu pairar por sobre o vento e "aquele homem" aproximou-se e tocou-lhe os ombros; sentia, ouvia e enxergava com os olhos fechados.

– Cláudia, até quando os seus olhos serão a porta da sua perdição? Até quando será governada pelos sentidos? Abra a sua alma para a verdade que liberta! Nada neste mundo poderá nos prender.

Cláudia abriu os olhos, levantou-se. Que se passara? Os galileus a uns 50 metros... falara mesmo com Jesus? Ele olhava para ela enquanto colocava as mãos na água e a jogava para outra mão. Não poderia ser... Como entender o fenômeno que se passara?

– Eliaquim, ele falou comigo!

– Senhora, está fatigada, há muitas horas que está de pé...

– Eliaquim, a sacola! Dê-me a sacola! Irei até eles.

E antes mesmo que o eunuco pudesse contê-la, Cláudia, devagar, aproximou-se do grupo.

Jesus falava intimamente a seus discípulos da necessidade de caminhar, por vezes, sobre o deserto de nossas almas, de que em muitas ocasiões somos convidados a seguir sem os entes mais caros, porque o amadurecimento espiritual depende unicamente de nós, Deus nada nos impõe.

Felipe e Natanael levantam-se e imediatamente olham

para o Mestre aguardando sua posição ante a *Donna* tão belamente adornada, mas romana, que se aproximava deles. Pedro levanta-se de semblante cerrado e já caminha na intenção de colocá-la para longe deles, mas Jesus de braços apoiados nos joelhos diz:

– A que vem, Cláudia?

Cláudia assusta-se, abaixa os olhos e mostra a bolsa:

– Trago moedas para a causa de vocês...

– O tesouro que busco é o vaso limpo dos sentimentos puros!

Cláudia engasgou em suas próprias lágrimas. Trazia tantas perguntas, tantos questionamentos... havia preparado alguns argumentos para que Jesus fosse exaltado por Roma... mas, não conseguia pronunciar palavra alguma. Aquietou-se.

– Sente-se conosco! – convidou Jesus.

Pedro indignou-se, aquela era uma reunião dos amigos mais próximos, o que poderiam compartilhar com uma representante de César?

– Não posso, meu esposo me aguarda. Até breve – não sabia por que falara do marido, ele estava em viagem. Mas algo a impedira de ficar.

– Cláudia, Cláudia até quando lutará contra si mesma? Até quando empunhará a espada da revolta e da supremacia do eu contra os seus irmãos? Quem fere sangra muito mais.

A romana saiu sem olhar para trás. Até chegar em casa não

emitiu uma só palavra, seu corpo tremia e seus pensamentos cavalgavam sem controle. Sua casa, seus filhos, seu esposo pareciam tomar o lugar de personagens secundários. Passou a noite em claro. Pela manhã, emudecida, calculou e decidiu procurar novamente "aquele Jesus" que descortinava para ela um mundo desconhecido e fascinante. Que homem era aquele? Ajuntou algumas mudas de roupa, algumas joias e procuraria o Nazareno ao entardecer, quando o grupo se reduzia.

– E, novamente a romana! – exclamou Pedro.

– Que quer, Cláudia? Que tenho com você?

– Quero seguir-lhe, quero viver com você. Desde que lhe conheci o meu mundo parece ruir...

– Acalma-se, filha. Ainda não preparou a couraça para o bom combate. A luta que trago é aquela que travamos em nossa consciência, abandonando pai e mãe, arquétipos antigos, para a construção de um novo ser em sintonia com a vontade do Nosso Pai. Até quando deixará que as convenções humanas sufoquem a luz que lhe sustenta? É preciso deixar que o broto rompa a casca! Mas a hora é um acerto seu com Aquele que lhe criou, nem antes, nem depois, para que o sofrimento não lhe seja em vão. Volta a sua casa, pois a sua casca ainda está robusta demais! Espera até que brotem as rachaduras e então, poderá escolher se rompe em broto ou se permanece em novelo.

– Não me julga suficientemente preparada? Saiba que conheço quase todas as bibliotecas!

– Aqui não é uma questão de saber, mas de sentir. As

Das coisas que ouvi e senti de Jesus | 143

chaves encontram-se nos sentimentos do amor, perdão e transformação, alfabeto de uma língua que ainda não cursou. Vá e espera a sua hora!

Cláudia volta para casa sentindo-se pequena, inapropriada e desprezada. Quem era "aquele Jesus" para falar assim com ela?! Aguardaria o esposo e tudo estaria bem. Tudo voltaria ao normal.

Venantium retorna à casa, mas encontra a esposa mais introspectiva, com semblante pálido. De fato, Cláudia repassava na memória as curas de Jesus e aquela voz, aquele olhar, ela jamais poderia esquecer! Aquelas palavras ternas traziam calma ao seu coração, uma sensação de bem-estar jamais sentida antes! Procurava encantar-se com as pequenas alegrias que o esposo lhe trazia, mas tudo perdia a cor sem o sol da Galileia!

Os dias passam e logo chega a notícia da prisão de Jesus, conhecendo a severidade das penas de Roma, Cláudia toma coragem para falar com o esposo em favor do Galileu, ele era influente, sua opinião era ouvida e por que não dizer do que viu e ouviu daquele Jesus? Corria o risco de sofrer reprimenda, mas confiava no esposo, afinal, ele sempre ouvira suas opiniões.

– Meu esposo e senhor, gostaria de falar-lhe. Sei de seu poder e influência tão merecidos junto a Roma e gostaria de sua influência junto ao homem de Nazaré...

Venantium levanta-se bruscamente franzindo a testa, segura os braços de Cláudia com força:

– Que vejo aqui?! Mete-se com esta gente? Uma defensora de contraventores dentro de minha casa? Eu sou o senhor, deve-me obediência! – e solta o braço da esposa a caminhar de um lado para o outro com as mãos nos flancos. – Dei-lhe crédito demais! E agora julga-se na condição de igual! – e num grito – mas, não é!

Jesus foi condenado, sofreu a morte infamante.

Cláudia adensava em tristeza com mesclas de culpa. Cumpria com suas obrigações, mas faltava-lhe a força da fé que conduz e conforta nos momentos mais difíceis.

– Querida, não vem cear?

– Não tenho fome. Faço-lhe companhia.

Venantium olhou para a esposa, não mais encontrava a chama ardente de seus olhos. Cláudia observou o esposo, algo calvo, testa larga, queixo pontudo... será que o amava? Era igualmente amada por ele? Ou não passava de um objeto caro exibido como um ornamento luxuoso de suas conquistas? Talvez ele nunca tivesse se importado com outra coisa que não sua satisfação pessoal. Se antes eram companheiros intelectuais, agora sentia-se terrivelmente só. Não reconhecia mais o esposo e o evitava, mas ele fazia sempre prevalecer a sua própria vontade. A sua simples presença trazia agora para Cláudia algo do temor e da dor.

Os dias passaram-se, entretanto, nunca mais foram os mesmos. Cláudia passou a ser ridicularizada pelo esposo e isolava-se cada vez mais. Venantium fazia questão de que a esposa comparecesse aos seus banquetes e a torturava moralmente. Até que Cláudia soube de alguns cristãos nas redondezas e solicitou a Eliaquim que visitasse alguns deles e trouxesse notícias. Ela não poderia mais sair sem o esposo, estava proibida.

– Então, quais as notícias?

– Senhora, vai gostar! É sabido que Jesus ressuscitou e esteve com Simão, os filhos de Alfeu, todos eles! E o grupo se organiza e se encontra em catacumbas... Ele era o Messias!

Cláudia chora. Ajoelha-se e ora em agradecimento.

– Graças a Deus, Eliaquim! Graças ao Bom Deus tivemos coragem de ir ter com ele!

O eunuco nada respondeu. Não tinha certeza se concordava com Cláudia, olhava para sua senhora tão magra e vivendo naquelas condições humilhantes! Não estava certo de que o Messias tivesse feito bem a ela!

– Vamos à nossa leitura, Eliaquim, dos livros dos judeus?

Eliaquim balançou a cabeça afirmativamente e deu o braço para que a senhora se apoiasse, já ensaiando mais uma novidade:

– É de comentário que estão a circular alguns papiros com nota sumária do que Jesus ensinou a seus discípulos.

Cláudia alegrou-se:

– Conseguiria algumas? Sim, Eliaquim, deve conseguir algumas para os nossos estudos!

O eunuco tentou explicar que era extremamente difícil, assim como do perigo de ser pego portando algumas delas e os dois ficaram a discutir ainda por alguns minutos.

146 | Ana Paula Vecchi • Pelo espírito Natanael

Os meses passaram-se sem grandes novidades até que chega à casa de Cláudia e Venantium, Elyphas, o mercador de tecidos, pouco conhecido naquela região, mas bem famoso na Ásia e em Jerusalém.

– Venha, senhora, poderá alegrar-se com as cores vibrantes dos tecidos deste mercador!

– Pois faça-o entrar, Eliaquim.

O rapaz adentra a vivenda como se trouxesse em si o sol do deserto de Dan, seus olhos claros pareciam reluzir as joias verdes de esmeralda; seu cabelo por debaixo do turbante parecia claro; seu sorriso, a paz. Cláudia olhou para o seu pescoço e reconheceu pequena cruz, o moço era cristão. Sua fala fluente e sua habilidade com as mãos pareciam conduzi-la a um lugar de certezas incomparáveis!

Eliaquim separou alguns tecidos, mas Cláudia apenas observava. Até que, num gesto rápido de quem desperta, perguntou:

– Traz contigo algum texto do Messias?

O rapaz arregalou os olhos, olhou para o eunuco que abaixou a cabeça. Ante o olhar perquiridor da jovem senhora, respondeu:

– Sim, quer ver?

– Sim, quero muito!

O jovem sorriu, mais que vender tecidos a enfeitar belas senhoras, amava ouvir e ler aquelas histórias.

– Senhora, tome cuidado, são manuscritos abominados por César! – advertiu Eliaquim.

– Dá-me! Quero ver!

Cláudia levou o jovem até sua biblioteca e solicitou a permissão para copiá-los.

– Mas, senhora, poderá trazer algum mal a posse deles!

– Não me importa. Ficarão comigo em segredo.

Cláudia os copiou e só deixou o mercador seguir com a promessa de voltar outras vezes com tecidos e com papiros.

A jovem senhora tornara-se novamente alegre e sua alegria foi recebida por Venantium como graça dos deuses a princípio, mas depois com certa desconfiança.

A amizade entre Cláudia e o mercador de tecidos crescia, a ponto dele convidá-la a estudar os textos nos encontros da comunidade.

– ... os encontros são às escondidas nas catacumbas, existe sempre um condutor que lê e fala dos ensinamentos de Jesus. A oração toma uma força, precisa ver, Cláudia.

Nesta altura os dois jovens já se tratavam pelo primeiro nome.

Cláudia sorriu. Elyphas observou mais uma vez quão encantador era aquele sorriso e quão bela era aquela senhora, uma beleza diferente, com ar de mistério mesclado com algo pacificador. Infelizmente chegara tarde na vida dela, além disso, ela era uma importante cidadã romana...

– Eu irei! – interrompeu Cláudia o fluxo dos pensamentos do rapaz.

Com a fala inesperada, Eliaquim desmaia. Desta vez sua senhora passara dos limites! Ele não a deixaria ir, seria loucura de morte! Enquanto acudiam o eunuco, Elyphas olha demoradamente para Cláudia e beijando suas mãos despede-se:

– Eu venho buscá-la. Avisarei com antecedência o seu eunuco.

Ainda bem que Eliaquim não havia recobrado a consciência quando Elyphas fizera a promessa.

O céu trazia as primeiras notas de sol poente, Elyphas se despede guardando aquele momento no cofre íntimo de sua alma. Cláudia percebe que o mundo não é tão cruel e que o amor é a grande chave que libera os portões do medo, substituindo-o por esperança. Eliaquim recobra a consciência e recebe todos os cuidados das servas de sua senhora.

Passadas algumas semanas, um breve bilhete chega até o eunuco endereçado a Cláudia, um desenho de uma paisagem, uma gruta ao fundo, o céu estrelado e algumas compondo uma cruz. Cláudia entendeu: era a cruz dos cristãos, certamente era a missiva de Elyphas a contar-lhe o dia da reunião e o local. Não tinha o local!! Nem mesmo a data! Espere um pouco. Na grama embaixo da árvore algumas pedras... dentro delas, de uma delas, de forma inclinada, o número onze. Isso! Certamente Elyphas viria buscá-los no próximo dia onze do calendário de César. Mas, a que horas? Olhou, olhou e, nada. Claro! À noite, com as estrelas altas. Verificou suas anotações, Venantium estaria em Decápolis naquela data. Perfeito! Visitaria os cristãos!

Das coisas que ouvi e senti de Jesus | 149

– Eliaquim, ouve, em três dias visitaremos, eu e você, a "caverna" dos cristãos.

Eliaquim arregalou os olhos, segurou o queixo com a mão direita e apoiou o cotovelo na mão esquerda, sem nada dizer. O coração parecia romper as grades de sua caixa torácica.

– Nem me faça essa cara, Eliaquim! Já lhe conheço as lamúrias! Nós iremos! Você obedece e pronto!

O eunuco abaixou a cabeça e sentou-se no banco ao lado de Cláudia. Os dois permaneceram mudos por horas a fio. Nenhum deles tinha coragem para revelar o que pensava.

Tudo planejado. No dia onze do mês de setembro do calendário de Julius, os três amigos partiram para a ventura que lhes marcaria os destinos. Ainda hoje Cláudia é capaz de recordar a cena que vislumbrou ao adentrar a caverna parcialmente iluminada por tochas, seu olhar pousou nos olhos de um senhor bondoso, de fala mansa que irradiava amor:

– Entre, Cláudia! O nosso coração alegra-se em recebê-la!

Conhecia aqueles olhos... Sim, era Natanael, um dos seguidores mais próximos a Jesus. Olhou a sua volta, alguns servos seus, outros de outras casas romanas, judeus, mas, sobretudo, galileus. Olhou à sua esquerda e bem à frente reconheceu um soldado romano pelas vestes e o corte do cabelo, não se recordava do semblante:

– Quem é, Elyphas?

– É Longinus, soldado romano que agora segue conosco.

Cláudia continuou a olhar a pequena assembleia e pensou ter reconhecido alguma patrícia sua, mas aquietou-se. Enfim, era uma reunião secreta, tampouco ela gostaria de ser reconhecida!

E voltaram ali por mais três noites, quando Elyphas comunica sua partida daquelas regiões. Cláudia baixou a cabeça, não gostaria de se despedir do amigo, sentiria sua ausência e novamente sobreveio a sensação de abandono. Duas lágrimas grossas rolaram de seu rosto, sem que nada dissesse. Elyphas passa a mão no seu rosto como a recolher-lhe as lágrimas e diz:

– Quem sabe não viria comigo? Não tenho luxo, mas sou um comerciante importante, tenho algum tesouro e poderia ser minha companhia nos negócios também, nos estudos e nas viagens...

Os olhos de Elyphas pareciam carregar o mar da Galileia em promessas de dias ensolarados, Cláudia o abraçou e respondeu "sim", iria com "sua felicidade" até os fins do mundo! Mas, precisariam de cautela e de um planejamento minucioso para que Venantium não os descobrissem antes das divisas de Jerusalém. Na Ásia, com certeza, passariam desapercebidos. Desta vez não comunicaria nem ao eunuco e após dias de planejamento o casal partiu de Cesareia de Felipe.

Entretanto, tão logo passam os portais da cidade, a guarda de Venantium prende e mata Elyphas. Venantium pessoalmente pega Cláudia pelo braço e a leva de volta para casa. Lá a castiga das formas que bem entende, pren-

Das coisas que ouvi e senti de Jesus | 151

dendo-a no quarto mais alto de uma espécie de "forte" do seu castelo.

Por dias e dias utilizara de crueldade para desforrar a sua honra. Quando a sua raiva já minguava, simplesmente "esqueceu" a esposa ali.

Meses se passaram, quando Eliaquim vem à procura de Venantium a implorar cuidados para Cláudia que parecia definhar:

– Senhor, *permiso*! A senhora Cláudia arde em febre.

– E eu, que tenho com isto?

– Temo pela vida da senhora...

Venantium levanta-se, coloca as mãos nos quadris, franze a testa e com os passos firmes vai até o quarto, olha a esposa e teme o que vê. Parece mais uma moribunda infecta! Manda, então, chamar o médico:

– Mas, antes, remova a senhora para os seus aposentos antigos e deem um banho, troquem suas roupas!

O diagnóstico do doutor era inequívoco: lepra! O que fazer? Nada. Nada poderia ser feito. Venantium convoca sua mãe, já viúva, para que venha auxiliá-lo em questões urgentes, deveria assumir a administração doméstica. Artemísia, mulher altiva, fria e de pouca sentimentalidade, alerta o filho para o perigo daquela "esposa infecta" arruinar a vida dele com essa doença terrível! Que desse um fim na traidora! Na prostituta que não merecia o bom marido que tinha!

Cláudia foi colocada para fora dos portões da cidade com a roupa do corpo e com duas joias que conservava da família de origem, as outras passariam a pertencer à sua descendência.

Sem dinheiro, doente, permaneceu às portas da cidade por dias, semanas, cuidada diariamente por Eliaquim, que trazia-lhe alimentos e água. Cláudia mal podia caminhar. Até que um dia, Eliaquim não veio mais, fora descoberto por Venantium, acusado e morto por traição.

Cláudia sucumbida é recolhida por um mercador de camelos que descia à Galileia e foi deixada no vale dos leprosos. Mas a mão do Criador não desampara nenhum de seus filhos e mesmo ante as piores tragédias prepara surpresas de consolo e promessas de renovação! Mas isto, será relatado em outra história.

CAPÍTULO 10

O VALE DAS SOMBRAS

O SOL ESCALDANTE da Galileia tornava as pequenas viagens um desafio a estimular a coragem e a tenacidade daqueles que não tinham um animal ou qualquer outro transporte que não as próprias pernas. Era preciso destreza e resistência, demasiadamente treinadas, para não sucumbir.

Deitado em sua esteira, Natanael conversa com a esposa sobre a visita que fariam a Maria de Magdala. Nos próximos dias visitariam a amiga e auxiliariam no cuidado e amparo aos enfermos, sobretudo, àqueles do vale das sombras.

– Natanael, há muito gostaria de reencontrar Maria e Suzana.

– Sim, Séphora, minha querida, partiremos amanhã. Partiremos para Betânia pela manhã e acamparemos nas proximidades da cidade. A palavra do Cristo estará conosco!

– Sim, meu querido! O dom da cura, da palavra articulada outorgada pelo Cristo estará contigo em favor dos que sofrem, dos deserdados deste mundo!

– Séphora, não sente falta dos seus irmãos? De seus pais? De sua família?

– Natanael, você e nossa filha Isabel são a minha família!

Natanael abraça a esposa e fecha os olhos a recordar a própria família. Também ele fora rejeitado pelos seus quando escolheu seguir Jesus; fora tido como traidor, desertor, profano. Uma lágrima correu em seu rosto, mas jamais de arrependimento, e sim de saudade. Que dia, senhor, terei os meus junto ao senhor? Conseguirei algum dia levar a sua palavra até eles?

Seus pensamentos foram interrompidos por Séphora:

– Querido, quando acolhemos os órfãos por toda a parte, não pensa ser um de nossos parentes?

– Sim, Séphora, tenho amor por eles porque são mesmo nossos irmãos perante Deus.

Olhou o semblante saudoso da esposa e retorquiu:

– Anima-se! Lembra-se do Cristo ressuscitado a dizer-nos que somos o esplendor de uma nova era, somos o sal da terra, o fermento que leveda a massa? A preço de nossas lágrimas, de nosso sangue – produtos de nosso sacrifício – semearemos o amor e a concórdia através da mansuetude exemplificada. Logo, logo, a luz se espalhará por toda a Terra e esses dias de separação serão apenas segundos.

Séphora sorriu. O esposo estava certo! Como esquecer aquele dia de promessas radiosas? Esqueceria seus peque-

Das coisas que ouvi e senti de Jesus | 157

nos pesares para se colocar como instrumento de auxílio a quem estivesse a sofrer, talvez com dores ainda maiores que as suas.

Adormeceu na doce expectativa da viagem sob o sol árido da Galileia de outubro. Chegaram em Betânia, hospedaram-se na casa de Jairo e saíram a trabalhar.

Natanael, Ezequiel e outros cercaram-se de enfermos reunidos na grande praça central da cidade. Séphora e as outras mulheres foram ao encontro de Maria Madalena, que certamente estaria no "vale dos leprosos". O vale ficava nas cercanias de Jerusalém e por isso os jovens, liderados por Jairo, foram em companhia com as mulheres. De grande extensão, o vale não era tão profundo, mas era ladeado por pequenos montes de terra, o que tornava a altura de três metros intransponíveis. Os doentes mais graves amontoavam-se e os que conseguiam manter-se de pé, deveriam manter a vigilância para não serem vítimas uns dos outros. Maria cuidava deles, levava-lhes alimento, compressas frias com ervas aromáticas, enquanto cantava hinos de esperança e fé. Quando finalizava a tarefa do cuidar, próximo do entardecer, sentava-se e falava de Jesus para aqueles que podiam escutar.

A tarde tornava-se serena com a brisa fresca vinda do rio Jordão. Os homens, após os atendimentos feitos pela manhã, caminharam para o vale das sombras ao encontro das mulheres e jovens, que estariam ali no auxílio dos leprosos.

De longe, Natanael identifica Maria Madalena sentada

a pentear os cabelos de uma jovem repleta de manchas violáceas pelo corpo, nariz macerado; um pouco mais distante Suzana e Ezequiel cuidando e limpando as exulcerações purulentas de outra mulher e de uma criança. Natanael aproximou-se do grupo e dos seus olhos grossas lágrimas escorreram ao identificar um corpo esquálido, enrijecido, com pústulas fétidas nas pernas e nos braços, a carne "comida" expondo os tendões dos cotovelos, joelhos e pés; Séphora dava água para ela, mas aqueles olhos eram de uma pessoa que ele conhecera:

– Cláudia! Cláudia de Cesareia de Felipe!

O discípulo ajoelhou-se enquanto auxiliava a esposa no auxílio dessa irmã que outrora oferecera seus rendimentos à Boa Nova, mas que agora estava à mercê das formigas e insetos a comerem sua carne. O que teria acontecido com ela? Não cabia a ele julgar, apenas auxiliar, aprendera assim com o Mestre.

O grupo auxiliou nas necessidades básicas de tantos quantos padeciam ali.

As primeiras estrelas apontaram no céu. Uma fogueira foi acesa para iluminar e aquecer a todos que se reuniam para ouvir a palavra do Cristo.

– Meus irmãos, tenho tido a honra e graça de falar do que ouvi e vi do mestre Jesus. Sou testemunha viva dos seus milagres e de suas curas e tenho compartilhado tudo isso com vocês. Mas hoje temos a alegria de receber o filho de Talmay, nosso irmão Natanael que conviveu com o Cristo

DAS COISAS QUE OUVI E SENTI DE JESUS | 159

todas as horas do dia. Ouvi-lo-emos! Ele traz os dons outorgados por Deus!

Natanael falou por mais de duas horas. Suas palavras firmes, porém cativantes penetravam nos corações daqueles seres aflitos. Enquanto falava raios amorosos partiam de seu peito a envolver todo o grupo formando uma abóboda protetora. Madalena trazia a visão espiritual dilatada e pôde perceber o próprio Cristo a emitir luzes para a fronte e o peito de Natanael e Ezequiel, foi então que sugeriu em voz baixa:

– Natanael, por que não pedimos ao Cristo que conceda a cura dos doentes?

– Já atendemos os enfermos na cidade, Maria. Já é noite!

– O nosso Mestre curava aos sábados, ensinando-nos que sempre é tempo para as obras de Deus!

Natanael fechou os olhos e línguas de fogo desceram sobre os discípulos ali presentes, Ezequiel, Jairo, Suzana e a própria Madalena, eles impuseram as mãos e oraram com fervor. Os olhos daquela noite não puderam esquecer a apoteose de esplendor que descera dos céus, todos os leprosos foram curados. Suas feridas secaram, suas lesões embranqueceram, apenas as sequelas restaram. A emoção envolveu a todos. A gratidão prevaleceu como nota sublime a envolver todos os discípulos e a maioria dos enfermos, que agora estavam curados. Alguns despediram-se e seguiram viagem pela manhã. A maioria dos curados preferiu seguir com o grupo e permanecer a serviço do Cristo, ou pelo menos estar em companhia daqueles que lhes ofertavam uma nova oportunidade de vida. Grande parte deles não tinha mais família, ou havia perdido o contato com eles; outros não tinham como voltar, esse era o caso de Cláudia.

O grupo seguiu para Betânia. Necessitavam de outra casa para hospedar um número maior de pessoas, por isso solicitaram auxílio a Lázaro.

A casa era grande, com alguns alqueires de terra e abrigou todos os curados que decidiram permanecer com o grupo. Cláudia recém despertara de um pesadelo e procurava nos olhos de Séphora algo familiar. Tamanha doçura e carinhos recebidos por aquela moça jovem, mais jovem que ela, olhos grandes, negros, com cílios a desenhar-lhe a meiguice, os cabelos longos, ondulados nas pontas, igualmente negros... De onde a conhecia? Sua voz suave trazia a simpatia gratuita daqueles que amamos. Mas Cláudia não se recordava de onde e nem quando, apenas sabia que aquela era-lhe uma alma cara, quem sabe conhecida sua de outras vidas? A afeição foi espontânea e recíproca e uma amizade crescente envolveu ambas:

– Cláudia, se quiser, poderá ficar conosco em nossa casa na Galileia, será, doravante, a irmã que por força das circunstâncias não está mais conosco.

Cláudia olhou à sua volta, conhecia alguns daqueles cristãos, pessoas simples, mas sinceras. Meu Deus! assustara-se com a face esquálida dos companheiros do vale e

DAS COISAS QUE OUVI E SENTI DE JESUS | 161

pensou *estamos curados, mas não conseguiremos caminhar até a Galileia, seria morrer novamente,* então disse:

– Sim, aceito com gratidão, mesmo porque as portas da minha casa estão cerradas para mim. Mas como iremos?

– Não se aflija, os homens saberão como solucionar os nossos problemas. Entretanto, assim que estiver mais nutrida, sentindo-se bem, poderá, quando quiser, procurar novamente sua família, pois encontra-se curada! Não há mais riscos de contaminação!

– Sim, graças a Jesus! – e olhando para as mãos observou que os dedos estavam algo contraídos e o cotovelo também, mas pensou que essa sequela era bem pequena ante a cura que havia recebido.

Os pães foram servidos com azeite e uma pasta de ervas.

A luz do luar trazia a tonalidade da alegria um tanto mágica e os semblantes pareciam penetrados de doces esperanças. Lázaro proferiu a última oração da noite confiando a Jesus os pequenos problemas de amanhã, porque os de hoje já estavam solucionados; agradecia a condução do grupo até a sua casa e a oportunidade de ser útil. Uma atmosfera de paz envolveu o grupo que teve uma noite tranquila de repouso.

Tão logo amanhecera, Tomé foi ao mercado a fim de adquirir alguns camelos para o transporte dos doentes. O preço estava exorbitante e as economias do grupo mal dariam para um ou dois camelos. Natanael solicitava doações, um aluguel ou alguns camelos de empréstimo não para o transporte deles, acostumados que eram aos rudes trabalhos, mas para os doentes curados pelo poder de Jesus.

Certo mercador ergueu os olhos curioso:

– Cura de leprosos? Já havia escutado sobre tais curas, mas não chegara a ver nenhuma delas, seria mesmo possível que o "tal" Jesus, depois de morto, fosse capaz de fazer esses truques?

Queria ver com os próprios olhos. Levantou-se e propôs:

– Empresto minha frota de camelos com a condição de me provarem tais milagres até a chegada à Galileia, caso contrário me pagam em dobro o valor.

– Mas, senhor, a fé não se prova! Como poderemos provar a cura de alguém? – indagou Ezequiel algo aflito.

Natanael permanecia sereno, olhar calmo e compassivo, aguardando a conclusão do raciocínio de Argos, o mercador grego.

– Simples. Nestas minhas andanças tenho levado e trazido muita gente e muitas delas acabaram no vale sombrio. Conheço o vale... conheço muitos que foram lá depositados... Se o grupo que pretende transportar pertencia mesmo àquele vale, hei de reconhecer pelo menos um!

– Mas estão curados agora! Não os reconhecerá! – protestou Jairo.

Ao que Natanael concluiu:

– Está certo! Verá neles a luz de Jesus e será atraído por ela, pois a dor da solidão que carrega só será curada com o amor em serviço; sendo útil sem nada receber

DAS COISAS QUE OUVI E SENTI DE JESUS | 163

em troca! Que venha conosco! Quem mais receberá será você, Argos.

O mercador baixou os olhos ante o magnetismo superior daquelas palavras e por pouco não ajoelhou. O grupo foi acomodado e durante a viagem, por algumas vezes, tiveram de descansar à luz do luar e das estrelas. Em todas essas paradas a comida era dividida entre todos, salmos eram cantados, mas os ensinamentos de Jesus preenchiam o coração do grupo com esperança e alegria. Argos fazia uma expressão de pouco caso, mas em sua alma algo começou a mudar e por aquelas horas o seu pensamento não calculava lucros, tampouco rotas comerciais, era apenas um homem solitário necessitado de amor e de afeto, as palavras do Nazareno pareciam desenhar novos rumos para ele. Entretanto, tão logo as narrativas dos feitos e ensinos de Jesus encerravam, qual uma máquina que já funciona com as peças engrenadas, ele voltava a pensar em como poderia levar vantagem em seus negócios.

O dique não se rompe no primeiro impulso d'água, muitas vezes só o faz após várias tentativas e somente quando o impulso é forte e persistente é que ele se rompe. Assim também somos nós a vencer velhos padrões de pensamento e comportamento nas encarnações afora. O impulso para a mudança vai ganhando força com o tempo, a cada nova tentativa, desde que o primeiro impulso tenha sido dado. Não se deve esperar que se rompa o dique no primeiro movimento, é exigir por demais da força iniciante da onda. Por que fazemos isso conosco mesmo? Jesus conhece as águas do nosso coração e acredita na força que as conduz!

Argos ainda não estava pronto para a grande mudança, mas já sentia algo novo brotando em seu coração. Reconhecera alguns nobres da sua convivência, reconheceu Cláudia, a nobre senhora de Cesareia de Felipe que ele mesmo transportara para o vale.

Enquanto esteve com o grupo orou e acreditou que Jesus era o grande Messias, mas a sua alma inquieta não permitia que ele ficasse, sentia prazer na troca do ouro e da vida confortável que levava. Entretanto, prometeu voltar e visitar os "amigos" sempre que passasse por ali. Natanael entregou-lhe uma cópia do Sermão do Monte copiados por Ezequiel em grego, ao que o mercador guardou no coração e até hoje consegue recitá-lo *de cor* – com o coração.

CAPÍTULO 11

O MAIOR SACRIFÍCIO

O CORTEJO DE algumas nuvens pareceu seguir o agrupamento até a região da Galileia, à casa de Natanael.

O sol pareceu dividir o lago de Genesaré em antes e depois do céu, esparramando o seu reflexo nas águas calmas.

Mais um dia se vai e a saudade do mestre Jesus pareceu entoar as histórias mais belas na memória daquele grupo. Foi neste clima que reencontraram Samir e Sara. Séphora dá dois passos à frente do marido, procura por Isabel e a encontra abraçada a Sara:

– Minha querida, como se portou? Sentimos sua falta, minha doce Isabel!

A menina de cabelos castanhos claros trançados para trás arregalou os olhos, apertou os lábios e orgulhosamente balançou a cabeça num gesto afirmativo. Ao que a mãe sorriu e abraçou-a dizendo:

– É minha menina! Nossa pequena, amada por Deus e pelos profetas!

Séphora logo levantou-se para também abraçar a amiga Sara, dando-lhe dois beijos na face:

– Sara, como Isabel se portou? E as suas crianças? Ficaram bem?

– Sim, querida! Isabel me ajudou com Jonas e Hanã. Ela já está uma mocinha!

– Sim, completa neste ano dez anos!

As amigas conversaram um pouco mais sobre as crianças enquanto Samir prestava contas a Natanael dos negócios que administrou na ausência do amigo.

Samir era judeu, descendente de Sem, vivera na Samaria, local onde sua família esteve por muitas gerações, especializaram-se no comércio de armas e ferraduras, trabalho com o metal. Casara-se com Sara numa espécie de aliança entre famílias, mas desde que a vira conseguiu antever o castelo que construiriam no estabelecimento de uma família honrada; não acreditava em amores despertados pelos sentidos, mas daquele que surge na construção da amizade sincera e da convivência harmoniosa. Quando viu Sara não foi arrebatado pela paixão, mas viu em seus olhos a paz que sua alma buscava para a construção de um lar. Acreditava que o amor não poderia ser encontrado, mas construído, tijolo a tijolo, dia a dia.

Já estavam casados há mais de dez anos quando conheceram o Mestre nazareno e aquele encontro transformaria a

DAS COISAS QUE OUVI E SENTI DE JESUS | 169

vida do casal para sempre! Samir caminhava nas calçadas de pedra quando avistou um homem alto, cabelos cor de trigo a refletir o sol, seus passos largos, porém calmos, a sorrir e a falar com suavidade a todos a sua volta. Quem era aquele homem? – indagava a si. *Seria o profeta parente do Batista?* Aproximou-se do grupo para ouvir o discurso daquele peregrino que passava pela Samaria:

– Eu sou o caminho, a verdade e a vida. Ninguém entrará no reino dos céus se não pela porta estreita! Eu sou a porta que lhes conduzirá à glória de meu Pai!... E porque estreita é a porta, e apertado o caminho que leva à vida, e poucos há que a encontrem[17]... Quem não está comigo está contra mim...

Curioso, Samir levantou os olhos procurando os do Mestre galileu. Jesus olha para aquele rapaz jovem, *quipá* na cabeça e tanto julgamento a pairar no ar:

– Quer ser feliz, filho, desde agora? Segue a porta estreita, a porta larga é a da perdição.

Samir nada falou, mas retrucou em pensamentos: *sou seguidor das Leis de Moisés, entro pela porta do Templo sem carregar comigo a perdição. A perdição não faz parte da minha família, que honra a Deus desde o primeiro!! Não sou como os outros de minha terra!*

– Samir, quando compreenderás que o caminho que venho exemplificar é o da renúncia e do sacrifício? Não os sacrifícios

---

17. Mateus 7:14

de sangue, mas o sacrifício do orgulho das castas, o sacrifício do separativismo! Todos somos irmãos! Meu Pai quer que todos os Seus filhos sejam salvos! Dia virá que será chamado a honrar o amor do Nosso Pai com a escolha de segui-Lo.

Samir estava em prantos. Estava dominado por uma força superior à sua. Aquele homem brilhava como o sol e sua voz ecoava como uma trombeta a anunciar uma grande festa de júbilo.

– Sofre, filho, porque ainda não aprendeu a colocar a sua vontade a serviço do Pai! Quer, antes, sobrepor a sua à do Criador! Mas hoje, meu Pai ordena que o ventre da sua esposa germine, será o milagre que tanto almeja! Será um sinal para você, que deve, hoje, aceitar o chamado! Segue-me, Samir!

Desde aquele dia Samir seguiu o Cristo. Sara dera à luz a duas crianças, um casal, e desde a crucificação Samir e Sara passaram a acompanhar Natanael onde fosse.

Samir acreditava nos sinais de Deus através de seus profetas, conhecia a citação deles nos textos sagrados, mas trazia ainda o resquício do amor à sua gente e às tradições. Ouvia e recolhia os ensinamentos do Cristo como verdade, mas amava os costumes que o preservaram "puro", mesmo no convívio com os impuros. Natanael e Séphora eram judeus de nascença, mas aos romanos que Jesus acolheu e se tornaram posteriormente cristãos, a esses, Samir tinha uma certa resistência. Dizia ele a Sara: *essa gente não é de confiança! Não tem a terra boa para que germine a semente do Senhor!*

Foi para eles que Jesus contou a parábola do semeador que lança a semente em solo pedregoso, a terra infértil sufoca a semente. Enquanto encaracolava a barba em seu dedo indicador a tocar o polegar, num misto de satisfação e superioridade.

As duas amigas continuaram a conversa amistosa enquanto as crianças brincavam com os animais:

– Sara, temos muito trabalho! Mais uma vez Jesus beijou a Terra curando os enfermos! Venha ver quantos curados! Nosso trabalho aumenta, mas com a graça da cura nossos irmãos logo estarão a nos auxiliar.

As mulheres caminharam para o pátio da entrada, a levar alimento e água fresca a todos. Isabel aproximou-se de Cláudia com um pedaço de pão:

– Qual o seu nome, menina?

– Isabel.

– Sabe, tenho uma filha com a sua idade...

– E não cuida dela?

Os olhos de Cláudia verteram grossas lágrimas e abaixou a cabeça. O que fazia ali? Seu mundo não era aquele! Tinha sua casa, seus filhos... e onde estava? Olhou à sua volta, o chão batido, sem o mármore... Olhou as paredes de barro trespassadas de varas, onde a púrpura? Olhou para os bancos de madeira, as camas de feno, onde as plumas e cetim? As pessoas suarentas, onde as flores do seu jardim? Olhou para si, um farrapo humano, seus cabelos cheiravam podre, suas mãos lembravam garras e suas roupas rasgadas. Deus! pagava pelo pecado da traição! *Deus estava a castigá-la cruel-*

mente! Era como pensava. Queria voltar para o seu "paraíso de mármore", trocaria os ensinamentos do Cristo para viver novamente em sua casa. Precisava voltar para sua vida, já que estava curada! Ganharia a confiança de todos, descansaria e em seguida preparar-se-ia para voltar à Cesareia e pedir o perdão do esposo, era um homem bom, haveria de lhe perdoar! Já que agora estava curada, poderia voltar!

Nesses primeiros dias sentiu-se deslocada e superiormente diferente, era romana, muito bem-educada e de gostos refinados...

Mais uma vez o orgulho humano plantado no íntimo da criatura! Uma erva daninha que brotava em judeus e romanos, samaritanos e pagãos ao lado dos ensinamentos do Mestre que nascia nos corações de seus mais novos seguidores!

Enquanto pensarmos que a lição de Jesus é para o outro, não estaremos compreendendo o Evangelho de amor pregado pelo Mestre. Enquanto não entendermos que trazemos a escuridão em nós, necessitada de esclarecimento da verdade que liberta, seremos "cegos guiando cegos" e estaremos em fuga do serviço designado por Deus.

Samir não suportava a presença de Cláudia no convívio com Sara e seus filhos, considerava-a a maçã podre que estraga o resto e Cláudia ressentia-se da pobreza e simplicidade do local e das pessoas. Logo que se sentiu recuperada procurou Séphora para solicitar-lhe a permissão para voltar à sua casa:

– Tem certeza do que pede? Fora abandonada no vale! Não temos luxo, mas temos lhe oferecido o amor que apren-

DAS COISAS QUE OUVI E SENTI DE JESUS | 173

demos com o Mestre. É para nós uma irmã. Somos para você uma família. Isabel gosta de você.

Cláudia baixou a cabeça e replicou:

– Não entende, vê estas crianças: Hanná e Jonas? Lembram-me meus pequenos que lá ficaram! Preciso voltar para minha casa! Agradeço a todos pela acolhida, com certeza meu esposo os compensará!

– É preciso que consiga um camelo para que chegue melhor...

– Não se preocupe! Aguardo Argos, dentro de poucos dias estará por estas regiões e poderá acompanhar-me.

– Ah, sim! Dessa forma estarei mais tranquila. Volte quando quiser!

As duas senhoras abraçaram-se.

Samir ouviu a conversa de longe. Enroscou novamente os dedos na barba e discretamente sorriu, certamente a romana não estava pronta para sacrificar o seu luxo por Jesus!

– Acha mesmo, Sara, que a mão de Deus pode pousar sobre pagãos? Natanael ilude-se ao acolher alguns poucos pagãos e ainda mulheres... – e cospe no chão num gesto típico de repúdio. – Vê esta Cláudia? Já não tarda em partir!

Sara nada disse, apenas observou a romana sentada na varanda estreita a olhar o céu e suspirou ao imaginar as dores que aquela alma poderia carregar.

Os dias passaram-se, Argos novamente aportou com seus camelos e trazia uma novidade: o antigo perseguidor dos cristãos, Saulo, havia se convertido, ouvira do próprio Gamaliel! Que os amigos não temessem, pois logo as perseguições terminariam. Assim pensava erroneamente o rico mercador.

Argos descansou e logo no raiar do sol partiu para o norte, desta vez, Cláudia seguira com ele, com quase nada de bagagem, mas muita esperança no coração!

– Nunca casou, Argos?

– Não, senhora.

– Não sabe a alegria de se ter uma família...

A viagem foi tranquila até a chegada de Cláudia à sua antiga casa:

– Argos, aguarde-me aqui. Assim que me explicar a Venantium, com certeza, ele o convidará para repousar e reabastecer-se.

Argos assentiu com a cabeça.

A senhora fez-se apresentar ao serviçal da guarda à entrada, mas não o conhecia. Chamou por Eliaquim, por Venantium...

Alguns minutos se passaram até que de dentro da casa um outro serviçal veio atender-lhe o chamado. Este a reconhecera e informou-a que avisaria o dono da propriedade da sua presença, que a senhora o aguardasse um pouco mais.

Pouco mais de trinta minutos Marco, seu filho mais velho, portando uma túnica branca à grega, com semblante petrificado, vem recebê-la:

– Que quer, senhora?

– Meu filho, veja, estou curada! Onde está Venantium?

– Não lhe reconheço! Não reconheço aquela que matou o meu pai de desgosto!

– Como?

Uma senhora muito bem adornada aproxima-se a colocar a mão sobre o ombro de Marco, era a mãe de Venantium.

– Isto mesmo, meu neto! Esta mulher desonrou nossa família e não merece perdão. O seu pai não teve outro caminho se não o suicídio. Eis a assassina de seu pai! Não acolha a assassina de seu honrado pai!

– É isto, Cláudia, *va via*! – Marco cerrou a porta. – Para mim é morta também!

O céu desabou sobre a cabeça de Cláudia e o chão parecia abrir num abismo sem fim. Caiu de joelhos a chorar. O que seria dela? Era mesmo uma infame! Uma pecadora! Não merecia viver! Ela, somente ela era culpada pela destruição de seu lar! Que faria agora? Que seria dela? Permaneceu em pranto por algum tempo mergulhada em lágrimas quando pareceu recordar as palavras de Jesus:

– Cláudia, Cláudia, agora rompe-se a casca, a primeira rachadura em seu orgulho pueril. Está em suas mãos escolher o desabrochar ou enovelar-se em nódulos que necessitarão de séculos para resolverem-se. Lembra-se de perdoar e seguir.

Mas Cláudia não poderia perdoar! Jamais perdoaria Venantium que a expulsou de seu lar como se ela fosse uma cadela sarnenta. Isso lhe doía a carne e a alma. Entretanto, o sentimento que atravessou os séculos carecendo solução foi a culpa que nutriu. Cláudia deveria aprender a perdoar-

-se, entendendo que o erro é humano. Somente as almas carentes de humildade cobram de si a perfeição! Seguir Jesus através de seus discípulos, sofrer por ele, era a melhor escolha de sua alma, porém ressentir-se pela imaturidade emocional dos seus, era atavismo que a impediria de progredir!

Jesus pede que sacrifiquemos os ressentimentos e a auto-condenação, que oprimem o espírito imortal e o impedem de seguir adiante, pois o prendem ao ponto da "nódoa" do trauma, como uma mola que se estica, mas acaba por retornar rapidamente ao término da tensão. A culpa será sempre do tamanho da avaliação distorcida do ego sobre si de falsa onipotência. Aceitar as próprias falhas sem condenação, com o firme propósito de melhorar-se, é abrir portas para a empatia e para a possibilidade de compreensão das faltas de outrem.

Cláudia, porém, ainda não estava preparada e enovelou-se em culpas e ressentimentos. Voltou para a casa de Natanael onde foi, mais uma vez, muito bem recebida. Permaneceu num estado de mutismo por meses, refazendo em sua tela mental repetidamente as cenas de expulsão do lar. Aos poucos, foi afeiçoando-se aos afazeres domésticos e à vida simples daqueles amigos, muito embora ainda se ressentisse de não mais usufruir de sua casa e suas facilidades. Foi quando Natanael sugeriu que ela os auxiliasse na tradução das cópias dos textos sagrados, anos mais tarde:

– Cláudia, domina o grego?

– Sim. O latim também.

– Escreve o hebraico?

– Não, precisarei de ajuda.

– Bem, temos aqui algumas cópias dos manuscritos de Levi, poderia auxiliar-nos nas cópias. Até o momento somente Ezequiel e eu temos realizado a tarefa...

– Mas ainda trago alguma dificuldade nas mãos...

Natanael sorriu sem nada dizer, entretanto, o seu sorriso era a aprovação e o incentivo de que Cláudia precisava.

– Sim, farei as cópias com alegria!

E esse trabalho rendeu-lhe alguns créditos para tarefas futuras.

Cartas e mais cartas foram copiadas e endereçadas aos viajores que por lá passaram, obreiros do Senhor a distribuir mensagens de luz aos corações aflitos. Era o consolo perpetuado após a subida do Mestre. E quando mais tarde, as cartas de Paulo chegaram pelas mãos de João Marcos, Cláudia as copiou com esforço e alegria, auxiliando o grupo no pouco que podia.

Anos mais tarde, as perseguições aos cristãos intensificam-se e o grupo planeja dispersar-se, seguir para o Oriente, evangelizar pagãos e outras gentes. Alguns seguem, outros ficam. Alguns temem a tortura e o sacrifício de suas vidas.

Samir é preso com Sara e os filhos, tão queridos e amados. E como prega a lei judaica, ele deveria ser questionado e julgado antes da sentença:

– Afirma viver como cristão? Segue "o caminho"?

Samir continua de cabeça baixa.

– Só não tem vergonha, como também não sabe defender-se! A quem segue? A quem obedece?

Samir olha para Sara, para os filhos pequenos apavorados, lágrimas de sangue parecem escorrer de seu peito e em explosão desesperada responde:

– Sigo o Deus único de Israel e a César!

Samir e a família são soltos.

Não há sacrifícios.

Samir salva a família, mas trespassa uma lança de autopunição na própria alma que exigirá dele encarnações para extingui-la. Enquanto deixava o pátio do júri setentorial, pareceu ouvir a voz do Mestre a repetir-lhe: *Samir, meu Pai ama a todos sem distinção. Os últimos serão os primeiros e os primeiros, os últimos. Que diferença tem daquele que condena? Todos ultrapassarão os umbrais da felicidade eterna ao sacrificarem o seu orgulho, a pretensão de ser eleito do Senhor! Deus é Pai e desvela o seu amor equinanimamente por todos os Seus filhos; mas é dever do irmão mais velho zelar pelo irmão que apenas desperta. É amando uns aos outros que aprenderão a amar a si, despindo-se da vaidade e do ressentimento. O sacrifício que o Nosso Pai quer é o do homem velho, das velhas construções arquetípicas de supremacia do eu. Não se culpe, trabalhe. Não julgue, reforma-se!*

Samir, quinze séculos depois, entenderia que Jesus não lhe pedia o sacrifício do circo, mas sim do seu orgulho e pôde então perdoar-se e reconstruir laços de afeto espalhando flores do bem[18].

---

18. Vide o livro *A Inquisição e o outro lado*. Samir reencarna como Samuel.

CAPÍTULO 12

QUAL A MEDIDA DO SEU PASSO?

AS TAMAREIRAS RECHEADAS com seus frutos frescos traziam um colorido adocicado àquelas tardes, entre os caminhos que percorria o grupo de Natanael, em busca dos infortunados, dos carentes amados de Jesus.

Nas proximidades de Jericó, próximo ao rio Jordão, o céu parecia mais claro que dantes e os galhos secos de algumas árvores trouxeram a lembrança dos ensinos do Mestre, da parábola da sarça seca.

– Ó Senhor, que eu possa frutescer nos ensinos que recebi! Que eu possa ser útil, Senhor! Que a Sua seiva possa nutrir os galhos de minha alma para que meus olhos possam ver além das aparências! Que eu possa seguir pela porta estreita e que eu possa amar além das fronteiras do parentesco! – orou Natanael.

O solo arenoso sustentava a vegetação rasteira e algo

despertou a atenção, convidando Natanael a caminhar entre pedras acima da margem esquerda do rio. Um homem ferido, desacordado, estava estirado ao chão, o rosto machucado, parecia perder as feições, os desenhos dos traços em meio ao sangue, poeira e suor. Vivia? O corpo largado, equimoses e queimaduras de atrito por todo o corpo. Com certeza rolara do alto das encostas até as proximidades da margem. Quem seria? Um nobre? Um malfeitor? Não importava, era um coração que deveria ter outro a sua espera. Se Jesus ali estivesse não só o acolheria, como cuidaria e curaria o enfermo como na parábola do bom samaritano.

Quantas e quantas vezes estivera ali e por quantas vezes estivera a serviço do Mestre? Mas algo dentro de si lhe dizia que aquele era alguém caro ao seu coração. Alguém por quem as doces afeições das palavras amistosas já foram estabelecidas.

Uma grossa lágrima rolou na face de Natanael, como se sua alma reconhecesse um filho rebelde que se afastou inebriado pelas sedutoras vantagens da juventude. Ergueu os olhos para o alto em oração e pareceu ouvir o mestre Jesus a lhe exortar:

"... Quando deres de comer a um desses pequeninos é a mim que o fazes..."

Natanael impôs as mãos sobre os ferimentos do rapaz e o curou ali mesmo; derramou óleo em suas feridas e o enfaixou; deu de beber e de comer e o levou até a casa de amigos

DAS COISAS QUE OUVI E SENTI DE JESUS | 183

em Betânia. Deixou o enfermo sob os cuidados de Marta e Maria, visitou Pedro em Jerusalém e logo depois seguiu viagem de volta ao lar na Galileia.

O desfigurado nada falava, mas ouvia atentamente todos os salmos cantados por Natanael e Ezequiel e sua alma alimentava-se como quando ouvia falar de Jesus. Surpreendentemente o anônimo chorava de saudade do Mestre galileu e não sabia como vivera tantos anos esquecido dele.

Os dias passaram-se e graças aos cuidados de Séphora, o anônimo recuperou-se.

– Sabe, reconheço em sua face um rosto familiar, ainda que repleto de cicatrizes.

– Sim, caro Natanael, lembra-se das nossas incursões na cidade de Jerusalém? – e como o amigo permanecia em silêncio a vasculhar as lembranças, o interlocutor continuou – estava sempre com meu sogro e minha esposa Cassandra...

– Por Deus! Pétrus! Soube do falecimento de Giovanni...

– Muito triste...

– Mas a vida eterna nos aguarda. Jesus nos mostrou que a morte não existe e que seremos felizes no reencontro – afirmou Natanael.

Pétrus abaixou a cabeça.

– Filho, o que aconteceu com você?

– Não sei. Um acidente, perdi o controle do carro... Preciso voltar para a casa! Cassandra deve estar a sofrer com minha ausência! Deverá estar desprotegida na condição de viúva e órfã. Devo voltar à Tessalônia...

– É bastante distante daqui. Recupera-se um pouco mais e seguirei com você até lá.

Pétrus concordou e em silêncio continuou a tomar a sopa. Os olhos de Cláudia perpassaram curiosamente os do rapaz; sentia-se estranhamente atraída para ele, ao mesmo tempo que sentia uma forte repulsa. Deveria ser os olhos esverdeados, os cabelos loiros e o corpo atlético que a fizeram lembrar do povo de sua terra, de "sua estirpe", ainda sentia falta dos seus costumes, em contrapartida ao sentimento de raiva e repulsa que permanecia pela forma como fora tratada. Amor e ódio em ebulição; conflito de processamento demorado em sua consciência.

Pétrus recuperou-se e com o auxílio de todos da aldeia conseguiu recursos para voltar à Tessalônia, mas ao chegar ao seu antigo lar, fora terrivelmente surpreendido por Cassandra.

– Quem é? Por quem veio?

– Como indaga? Não reconhece-me, esposa?

– Meu esposo está morto! Faleceu há poucos meses em um acidente.

– Sou eu, Cassandra!

– Não sei do que fala! Eis a certidão, o registro! – e aproximando-se do ouvido de Pétrus falou baixo – está morto, Pétrus! Vá viver sua vida longe daqui! Aqui nada mais tem!

Que procurasse outra identidade e vivesse conforme sua vontade, porque ela, como viúva legítima, usufruía de

DAS COISAS QUE OUVI E SENTI DE JESUS | 185

todos os bens e com o apoio do Imperador. Que ele não ousasse interferir! Tinha poderes para destruir aquele que morto já estava!

Pétrus cerrou os olhos de ódio mortal, sua vontade era de estraçalhar aquela mulher ali mesmo! Esse ódio permaneceu obscurecendo o seu destino por algumas encarnações, desenhando alguns reencontros ainda não muito felizes, até que muitos séculos depois, puderam finalmente estabelecer a concórdia e os laços do perdão na rede numerosa dos afetos comuns. É assim que reescrevemos nossa história através do tempo, substituindo ódio por perdão; desafeto por amizade; mágoa por compromissos de apoio mútuo em favor de todos.

De olhos ainda cerrados, Pétrus ajoelha-se ao chão, para onde iria? Estava só, sem dinheiro e o pior, sem identidade. Agora, não existia mais para o mundo, o que faria? Gritou, na tentativa de rasgar um pouco do ódio atrelado ao desespero:

– Cassandra, víbora! Tripudia agora naquele que lhe fez feliz! Que a morte e a infâmia recaiam sobre você!!

Mal terminou a frase e os guardas de Cassandra fizeram um movimento de ataque ao desfigurado, mas a dama ergueu o braço com o indicador a cair levemente, sinal esse já conhecido de todos a anteceder alguma ordem:

– Deixem-no! É um pobre homem em busca de uma esmola.

Acenou com a cabeça para sua serviçal mais próxima e

esta lhe entregou uma bolsa repleta de moedas, que Cassandra atirou em Pétrus:

– Toma! Os cães sempre se acalmam com pequenas esmolas! Agora vá, está a poluir a entrada de minha vivenda!

Pétrus pegou a sacola e lançou a Cassandra e ao lugar um olhar de promessa de vingança. Partiu dali cambaleante, não sabia aonde ir. A quantia não era alta, o máximo que poderia fazer era atravessar o mar e só. Lembrou-se de Natanael, dos cristãos e pensou que poderia encontrar alguns ali na cidade. Sim, havia uma igreja recém-formada, poderia procurá-los. Todos os seguidores do Cristo tinham um coração frouxo e não negariam auxílio a ele; passaria por cima do orgulho e mendigaria o favor, já que seus parentes mais próximos estavam mortos. Quem sabe não o ajudariam a voltar para a Galileia?

Foi até os amigos cristãos da Tessalônia, lá pernoitou, comeu e se recuperou, mas jamais trabalhou, suas mãos nobres não poderiam se agastar com as tarefas rudes. Quando os amigos receberam algumas cópias das anotações cristãs, Pétrus dispôs-se a copiá-las, numa quantidade sempre maior do que ele os apresentava, sua intenção era de fazer cópias numerosas e vendê-las. Usaria o dinheiro para o seu próprio sustento, afinal, por mais que gostasse de Jesus e de seus ensinamentos, não nascera para o trabalho rude, mas para as belas artes e para os negócios rendosos. Dentro de um ano, já tinha muitas cópias dos textos de Levi e algumas cartas, partiu, então, até a Galileia, para a casa de Natanael que, além de amigo, era uma personalidade com maior destaque que aqueles da Tessalônia, poderia diversificar os textos e até receber encomendas.

Com sua oratória perspicaz e agradável vendeu pelo caminho quase todas as cópias, o que lhe permitiu viajar com mordomia e chegar com tranquilidade até a Galileia. Chegando lá, Natanael e os outros o receberam com muito carinho. A família do apóstolo compadeceu-se da história do rapaz e de tudo fizeram para que ele fosse acolhido como um membro da família:

– Pétrus, Saulo em Nea-Pathos mudou o seu nome marcando sua atividade como seguidor do Cristo, podemos fazer o mesmo com você, que pensa?

E porque o rapaz continuava mudo, Natanael continuou:

– Pétrus, o grego, está morto. Hoje nasce Pietro, o cristão, grego da Galileia, meu sobrinho!

Os olhos de Pétrus encheram-se de grossas lágrimas, que foram derramadas em gratidão. E porque sentisse um amor ainda não experenciado, talvez só o de sua mãe, abraçou o amigo e soluçou de alegria. Até ali, estavam como amigos, agora seriam irmãos em família. Séphora emocionada chamou todos os moradores daquela casa a abraçarem o novo membro: Pietro.

A brisa do final da tarde trazia o perfume das macieiras evaporadas sob o calor do sol. Cláudia preparava a água perfumada com sândalo para o lava-pés dos viajores recém--chegados e observava desconfiada a conversa na área de fora da casa. O que esse viajor tem que a incomoda tanto? Mediu os gestos de Pietro, suas mãos, os pés, o seu olhar cruzou com o dele, que a cumprimentou com um sorriso. Cláudia baixou os olhos emocionada e de certa forma com raiva, pois o recém-chegado parecia ousado demais. Retirou-se novamente para o local de preparação do alimento e encontrou Isabel:

– Cláudia, que tem?

– Nada, querida, nada!

– Conheço-lhe há mais de dez anos...

– Sabe? Um mau pressentimento... Como se corrêssemos perigo.

– Estamos com Jesus, que mais haveremos de temer?

– É ingênua, minha menina, não sabe do perigo que corremos? Estamos perseguidos por toda a parte – e calou-se, como a buscar o alento na doutrina que abraçava, como a pedir ajuda.

– O que teme, Cláudia?

– Não sei, menina, não sei. Já perdi tanto, não é?! – e cerrou os olhos.

Calorosas lágrimas desceram do seu rosto a molhar o seu peito, a voz a engasgar-se na garganta... Olhou para si, olhou para o céu, como a buscar um futuro tão sonhado que não chegou e que se foi. Como lhe doía a ausência dos filhos, da casa, da sua vida. Os anos passaram-se, mas a dor não parecia menor, apenas esquecida pelos afazeres, pela amizade daqueles a quem aprendeu a amar... E de alguma

DAS COISAS QUE OUVI E SENTI DE JESUS | 189

forma e sem explicação, aquele forasteiro parecia reacender toda dor sufocada.

Isabel abraçou a amiga, que considerava como uma tia e disse-lhe:

– É muito cara ao meu coração, a avó querida de meus filhos! É muito amada também! Também temo pela vida de meus filhos... Continuemos juntas?

Cláudia segurou as duas mãos de Isabel e balançou a cabeça afirmativamente.

Logo Pietro se integrou ao grupo tornando-se colaborador das atividades masculinas no plantio, na lida com os animais, mas sobretudo, na cópia das cartas de Paulo. Aproximou-se de Cláudia devagar e, com o passar do tempo, a romana tornou-se simpática à nova amizade, afinal, que mal aquele rapaz poderia fazer? Cláudia ainda era uma mulher bonita e Pietro trazia a jovialidade no articular das palavras, apesar do amadurecimento dos anos, e logo conseguiu que a romana lhe auxiliasse na tradução de alguns textos. O viajante trabalhava enquanto todos dormiam, o que lhe proporcionou produzir mais cópias que as apresentadas ao grupo, sua intenção, ainda que não revelada, era de vendê-las e acumular um monetário para sair dali e se instalar para depois da região da Macedônia.

Em suas andanças conheceu uma cigana muito bonita, jovem e com grandes cachos dourados caídos no colo à mostra, olhos castanhos e lábios rosados, Carmem, era sua nova fonte de prazeres e se tudo desse certo, viajariam para longe. De mente hábil para os negócios, Pietro levaria a moça e o irmão mais novo para realizarem teatro de malabarismo ambulante, o que lhe renderia dinheiro extra. Com a quantia estipulada em mãos, combinaram a data, porém não contaram com uma grande surpresa, Ezequiel chega de semblante preocupado e recolhe-se com Natanael para uma conversa particular:

– Tem certeza do que diz, Ezequiel?

– Sim. Cópias chegaram até as autoridades do Sinédrio, que já autorizou a busca dos textos e a nossa prisão. Tudo indica que foram vendidas por Pietro.

Natanael baixa a cabeça, aperta os lábios e coloca a mão no peito. Já vivenciara aquela situação antes! A traição do amigo Judas. Recordou-se do Mestre, de seu olhar complacente quando Judas chegou com dois soldados... Meu Deus! a cena se repete! Jesus não acusou Judas, compreendeu suas limitações e garantiu o seu amor como alavanca para soerguimento das almas. Quem era ele para julgar Pietro? Não se arrependia por tê-lo ajudado, pois o fizera sem nada esperar em troca. Simplesmente amou e continuaria amando, porque o amor não se extingue, compreende, espera e perdoa. Quantas vezes ele mesmo precisou de perdão?

– E agora, o que haveremos de fazer?

– O senhor é o mestre aqui, está em suas mãos, meu caro Natanael.

Natanael levantou-se, olhou para o horizonte e disse:

– Debandaremos para o oriente. A palavra de Jesus deverá chegar aos quatro cantos. Paulo evangeliza os pagãos do ocidente, iremos para a Ásia e ao extremo oriente.

– Fugiremos?

– Não, caminharemos com Jesus, onde ele nos levar. E se formos sacrificados, morreremos nos passos do Mestre, confiantes de que a morte não existe e que Deus guia os nossos destinos.

Quais são os passos que já conseguimos dar?

O roteiro, o Senhor dos tempos traçou em seu evangelho de amor.

Até onde os nossos pés podem chegar hoje?

Certamente uma distância maior que ontem, porém, de forma concreta, formaram a base dos passos futuros.

Nenhuma alma conseguiu caminhar nos passos de outrem, porque a medida das pernas é individual e particular. Só o Senhor da vida conhece a métrica perfeita de cada pé, de cada passo, de cada coração.

Por que ainda julgar fatos e escolhas com a medida que trazemos em nós?

Quando entenderemos que a alma é complexa por demasia para restringir-se em moldes pré-determinados por mentes humanas?

O alcance está para o tamanho do progresso já conquistado. Quem erra hoje, poderá acertar amanhã, mas quem julga, poderá ser medido com a mesma medida.

Pietro seguiu o seu caminho, explorando Carmem e o irmão, e quantos outros pudesse encontrar.

Cláudia, mais uma vez, decepcionou-se. Decepcionou-se com Natanael – que nada fez contra Pietro – mas também com a vida, que mais uma vez lhe confiscava o lar. Já de Pietro nutria ódio e ressentimento, como pudera trair sua confiança e fugir com uma cigana? Como ele pudera trair a confiança do grupo e ainda sair impune? Como pudera usar da doutrina do Cristo para vilipendiar a todos? Perdera mais uma vez o conforto e a estabilidade de um lar, passariam a dormir em tendas à noite e a caminhar durante todo o dia, a viagem seria longa e cansativa. Primeira parada em Jerusalém, visitariam alguns amigos, e depois iriam para a região da Caldeia, trabalhariam e ganhariam alguns recursos para seguirem para a região da Turquia.

Nesta primeira parada encontraram Athos, que recém enviuvara, foram acolhidos pelo amigo que foi hospitaleiro e pródigo, oferecendo-lhes conforto de banhos, comida farta e alguns camelos. Permaneceram pouco mais de dez dias, quando o grupo já recuperara a alegria e o contentamento, resolveram seguir viagem. Athos chama Natanael em particular e lhe confidencia a vontade sincera de que Cláudia permanecesse com ele, estava velho e a doutrina do Cristo amansara o seu coração, que agora sentia a necessidade de estar mais em casa e em companhia de pessoas que lhe alegrassem a alma com as palavras ternas do Mestre.

– Athos, já falou com ela?

DAS COISAS QUE OUVI E SENTI DE JESUS | 193

– Sim, mas ela pediu-me que solicitasse a sua permissão.

Natanael abaixou a cabeça e lentamente fez um movimento afirmativo.

Athos segurou a mão do amigo e a beijou em agradecimento:

– Entretanto, tenho um segundo pedido...

Inesperadamente Isabel adentra no salão e toma a mão do pai:

– Sim, paizinho, também eu, meu esposo e filhos, desejamos ficar sob proteção do senhor Athos, não desejamos seguir para o oriente... – e já chorando Isabel ajoelha-se – Perdoa-me, paizinho! Mas ainda sou frágil e temo perder meus filhos!

Séphora, acompanhava a cena de longe, sentiu um punhal entrar em seu peito e rompeu em lágrimas. Despedir-se da filha e dos netos? Como suportaria? Sentou-se em um banco de madeira cilíndrico e recordou-se do primeiro dia em que vira o Mestre, seus olhos ternos e profundos, sua voz melodiosa soou ainda mais forte em sua mente: *Eu não vim trazer a paz, mas a espada... homem contra seu pai e filha contra mãe...*[19]

Quem ama o pai ou a mãe mais do que a mim não é digno de mim; e quem ama o filho ou a filha mais do que a mim não é digno de mim... Quem achar a sua vida perdê-la-á; e quem perder a sua vida, por amor de mim, achá-la-á[20].

---

19. Mateus 10:34-35
20. Mateus 10:37-39

Em verdade cada um tem o seu jeito próprio de entender a mensagem do Mestre; o seu ritmo próprio de caminhar e a livre escolha de ficar ou seguir; de fazer agora ou depois. Respeitar o tempo de cada um é amar como Jesus nos ensinou. Ele já havia advertido que esse tempo é desigual, mesmo entre aqueles que amamos e convivem conosco.

Respirou fundo e falou em bom tom:

– Deixe, homem! Deixe que sigam os seus corações. Seguiremos juntos conforme a primeira promessa!

Beijaram a face de Isabel, de Cláudia, de Athos, dos netos e genro e partiram para o trabalho de semeadura da palavra do Mestre, despertando consciências adormecidas. Seguiram Jesus com o coração repleto de esperança de que um dia todos pudessem celebrar a Aliança primeira: o homem com o seu Criador; entendendo que o tempo é o grande guardião da promessa. Todos alcançarão a plenitude das virtudes desenvolvidas.

Trabalharam sempre com muita alegria, amando e servindo, na certeza de que todos, mais dia, menos dia, também encontrariam a paz que eles sentiam; da vitória do bom combate; da vitória da luz, do bem e do amor.

Quem já caminhou um pouco mais auxilia quem está aprendendo caminhar. É assim que um floresce trinta, sessenta e cem, nessa grande estrada de redenção[21].

---

21. E estes são os que foram semeados em boa terra, os que ouvem a palavra e a recebem, e dão fruto, um trinta, e outro sessenta, e outro cem. Marcos 4:20

POSFÁCIO

AS FOLHAS QUE caem da árvore tocam apenas uma vez o chão.

Cada encarnação é única, com sua gama de possibilidades de experiências que moldaram os destinos das criaturas.

As almas são as mesmas, individualidade conquistada e que não se perde no transcurso dos evos.

Escolhas que fazemos, nem sempre acertadas, estruturam o caminho que marcam cada um de nós.

Se erramos, novos horizontes surgem para construção de novos alicerces para o reerguimento de um novo castelo.

Só um permanece no âmago do ser, palpitando amor e coragem para que, apesar dos nossos equívocos, possamos caminhar um pouco mais rumo à felicidade eterna.

Jesus, como face da perfeição conhecida por nós, sabe das nossas fraquezas, nossos limites e nos ama ainda assim, nos acolhe e nos inspira para "O Grande Banquete".

Estas pequenas histórias falam de nós para nós.

Falam do *homem velho*, apegado a velhos hábitos e do *homem novo* que poderemos ser ao ouvir e sentir Jesus.

Cada um traz a sua ferida-base, seu padrão de comportamento que o faz tropeçar em várias e várias encarnações, mas para todos eles, Jesus traz uma solução.

Qual é o seu? Qual história falar-lhe-á mais fundo no coração?

Então abra os ouvidos e escute com atenção o conselho que Jesus traz para cada amigo de cada conto, quem sabe não poderá lhe auxiliar também?

Fecho os meus olhos neste instante e posso ainda sentir o perfume de suas palavras, o aconchego do seu sorriso que se eternizam em meus pensamentos e embalam o meu viver.

Jesus é o grande sol a conduzir os nossos corações!

Quem tem ouvidos, que ouça. Quem tem olhos para ver, que veja.

E sinta, dentro de você, a vibração dos feitos e ditos de Jesus.

Séphora; irmã Eulália.

VOCÊ PRECISA CONHECER

O Evangelho segundo o Espiritismo
Allan Kardec
Doutrinário • 15,5x21,5 cm • 296 pp.

Lançada em 15 de abril de 1864, esta terceira obra básica da codificação espírita aborda os chamados evangelhos canônicos sob a ótica do espiritismo. Não se trata de uma "bíblia espírita" ou mesmo de reinterpretação doutrinária deste livro. Sua introdução define seu objetivo: abordar exclusivamente o ensinamento moral do evangelho, pois esse código divino "é, acima de tudo, o caminho infalível da felicidade esperada".

O cristianismo nos romances de Emmanuel
Donizete Pinheiro
Estudo • 15,5x22,5 cm • 320 pp.

Donizete Pinheiro reúne as informações de Emmanuel colhidas na espiritualidade e acrescidas de suas próprias experiências narradas em seus romances históricos, permitindo uma ampla compreensão das origens do cristianismo, bem como as lutas dos cristãos primitivos que garantiram a subsistência da Boa Nova até a chegada do espiritismo.

O homem que mudou a história
Geziel Andrade
Doutrinário • 16x23 cm • 264 pp.

O autor expõe o que de mais belo encontrou sobre a figura única e inesquecível de Jesus, trazendo os ensinamentos e exemplos deixados por ele a respeito de importantes assuntos. Um roteiro seguro que, se colocado em prática no cotidiano, auxiliará significativamente no caminho do crescimento interior.

VOCÊ PRECISA CONHECER

Governador da Terra
Juliano P. Fagundes
Estudo • 14x21 cm • 256 pp.

Estudo aprofundado sobre as últimas revelações trazidas por cientistas, pesquisadores, historiadores, arqueólogos e os espíritos superiores sobre a vida, a obra e o contexto do mundo em que viveu o Mestre nazareno.

O Evangelho Q
José Lázaro Boberg
Doutrinário • 16x23 • 280 páginas

O Evangelho de Maria Madalena
José Lázaro Boberg
Estudo • 14x21 cm • 256 pp.

O evangelho de Judas
José Lázaro Boberg
Estudo • 14x21 • 208 páginas

Antes do Gólgota
Gardênia Duarte
Estudo • 16x23 cm • 168 pp.

Com *Antes do Gólgota*, Gardênia Duarte deseja provocar nos leitores a reflexão de que a última ceia serviu como um abençoado 'ritual de passagem'. Não somente para os discípulos, mas também para toda a humanidade, inaugurando um novo tempo de fé e uma doutrina de conforto e consolação.

Não encontrando os livros da **EME** na livraria de sua preferência,
solicite o endereço de nosso distribuidor mais próximo de você através de
Fones: (19) 3491-7000 / 3491-5449
(claro) 9 9317-2800 (vivo) 9 9983-2575
E-mail: vendas@editoraeme.com.br – Site: www.editoraeme.com.br